ALLA SCOPERTA DEI RIFUGI DELLE DOLOMITI

VOLUME II

Un libro scritto e curato da:

Luca Mattiello

Prima edizione: ottobre 2020
Seconda edizione: ottobre 2022
Cartografia: © OpenTopoMap
www.opentopomap.org
Crediti fotografici: Tutte le fotografie degli itinerari sono di Luca Mattiello
Foto di copertina: il rifugio Alberto e Maria ai Brentei
Progetto grafico e impaginazione: a cura di Luca Mattiello
TUTTI I DIRITTI RISERVATI
È vietata la riproduzione anche parziale degli scritti e delle fotografie.
www.volpidelvajolet.it
ISBN: 9798691518225

Introduzione

Spinto da una forte passione per la montagna, ad agosto del 2016 ho creato il mio blog ww.volpidelvajolet.it per avere uno spazio mio e condividere con gli altri le camminate che facevo in montagna in modo da poter far rivivere anche a voi le emozioni che provavo e che provo tutt'ora quando sono immerso in queste splendide montagne che abbiamo a portata di mano. A distanza di 4 anni sono qui a terminare il secondo volume di "Alla scoperta dei rifugi delle Dolomiti", ringraziandovi ovviamente per il sostegno e l'affetto che mi dimostrate, ma soprattutto sono contento di aver trovato molte altre persone che condividono questa passione come me e in qualche modo avervi aiutato a scoprire posti nuovi. In "Alla scoperta dei rifugi delle Dolomiti" troverete escursioni di ogni genere e difficoltà, da escursioni facili a escursioni impegnative ma tutte in un contesto magico. L'alpinista italiano Guido Rey diceva che: *la Montagna è fatta per tutti, non solo per gli Alpinisti: per coloro che desiderano il riposo nelle quiete come per coloro che cercano nella fatica un riposo ancora più forte*, ed è quello che cerco di condividere con questa mia guida. Nella montagna non cerco di superare ogni limite e arrivare sempre primo ma mi piace godermi il momento, il paesaggio, la natura e lo sport. Questo non vuol dire che non mi piace mettermi alla prova con percorsi impegnati, anzi, qualche bella soddisfazione me la sono tolta, ma una delle regole fondamentali della montagna è che bisogna rispettarla, conoscerla e a volte saper rinunciare conoscendo i propri limiti. L'alpinista Edmund Viesturs, infatti, diceva che *raggiugere la cima è facoltativo ma tornare indietro è obbligatorio*. Frase non più vera di questa. Dopo questa piccola premessa non vi resta preparare gli scarponi, mettere lo zaino in spalla e scegliere una delle tante escursioni proposte. Concludendo infine con un'ultima citazione di Nicolas Helmbacker ricordate che *la montagna ci offre la cornice, tocca a noi inventare la storia che va con essa*.

Luca

Legenda della Cartografia

Percorso ROSSO: traccia principale.
Percorso di altri colori: varianti.
Quadrato: partenza.

Indice itinerari

1. Rifugio Scarpa, col di Luna..9
2. Rifugio Treviso, val Canali..12
3. Rifugio Pradidali..15
4. Rifugio Lagazuoi, sentiero Kaisejager...............................18
5. Rifugio Scotoni, lago Lagazuoi..21
6. Rifugio Nuvolau, monte Averau..24
7. Rifugio città di Carpi..27
8. Rifugio Re Alberto alle torri del Vajolet..............................30
9. Rifugio Passo San Nicolò..33
10. Rifugio Viel del Pan..36
11. Rifugio Padon, Porta Vescovo...39
12. Giro del Sassolungo...41
13. Rifugio Micheluzzi...44
14. Rifugio Puez, Vallunga...46
15. Rifugio Stevia..49
16. Anello del Seceda...52
17. Rifugio Molignon all'Alpe di Siusi.......................................56
18. Giro dei 5 laghi...59
19. Rifugio Brentei e Alimonta..62
20. Rifugio Graffer, monte Spinale...65
21. Rifugio Carestiato...67
22. Rifugio Belvedere, cima Fertazza......................................70
23. Rifugio Città di Fiume..73
24. Rifugio Dolomites, monte Rite...76
25. Rifugio Sommariva al Pramperet......................................79
26. Rifugio Chiggiato..82
27. Rifugio Laghetti del Colbicon, monte Cavallazza............84
28. Rifugio Ottone Brentari a cima d'Asta..............................87
29. Rifugio Sette Selle, lago Erdemolo....................................90
30. Rifugio Boz..93

Tabella riassuntiva

Nr.	Itinerario	Difficoltà	Tempi	Dislivello
PALE DI SAN MARTINO				
1	Rifugio Scarpa Col di Luna	★★★☆☆	4 h	750 mt
2	Rifugio Treviso	★★☆☆☆	3 h	500 mt
3	Rifugio Pradidali	★★★★★	7 h	1200 mt
DOLOMITI AMPEZZANE				
4	Rifugio Lagazuoi	★★★★☆	5 h	700 mt
5	Rifugio Scotoni, lago Lagazuoi	★★☆☆☆	2,5 h	450 mt
6	Rifugio Nuvolau, monte Averau	★★★★☆	4.5 h	550 mt
7	Rifugio Città di Carpi	★★☆☆☆	4 h	550 mt
CATINACCIO				
8	Rifugio Re Alberto	★★★★☆	5 h	800 mt
MARMOLADA				
9	Rifugio Passo San Nicolò	★★★☆☆	6 h	250 mt
10	Viel del Pan	★☆☆☆☆	3 h	150 mt
11	Rifugio Padon, Porta Vescovo	★★☆☆☆	4 h	600 mt
SSASSOLUNGO				
12	Giro del Sassolungo	★★★☆☆	5 h	300 mt
13	Rifugio Micheluzzi	★★☆☆☆	3 h	400 mt
PUEZ ODLE SIUSI				
14	Rifugio Puez, Vallunga	★★★★☆	5,5 h	500 mt
15	Rifugio Stevia	★★★★☆	5,5 h	850 mt
16	Anello del Seceda	★★★☆☆	5 h	500 mt
17	Rifugio Molignon	★★☆☆☆	4 h	400 mt
ADAMELLO DOLOMITI DI BRENTA				
18	Giro dei 5 laghi	★★★☆☆	6 h	400 mt
19	Rifugio Alimonta	★★★★★	7 h	1200 mt
20	Rifugio Graffer	★★☆☆☆	3,5 h	400 mt
CIVETTA, MOIAZZA E PELMO				
21	Rifugio Carestiato	★★★★☆	5 h	900 mt
22	Rifugio Belvedere	★★★☆☆	5 h	700 mt
23	Rifugio Città di Fiume	★☆☆☆☆	2,5 h	250 mt
DOLOMITI CADORINE ZOLDO				
24	Rifugio Dolomites, monte Rite	★★★☆☆	4,5 h	700 mt
25	Rifugio Sommariva al Pramperet	★★★☆☆	5 h	700 mt
26	Rifugio Chiggiato	★★★☆☆	5 h	850 mt
LAGORAI				
27	Rifugio Colbricon Cavallazza	★★★☆☆	4 h	500 mt
28	Rifugio Brentari	★★★★☆	5,5 h	1000 mt
29	Rifugio Sette Selle, Erdemolo	★★★★☆	5,5 h	900 mt
VETTE FELTRINE				
30	Rifugio Boz	★★★☆☆	5 h	600 mt

Informazioni utili

Abbigliamento e attrezzatura

Una delle cose fondamentali quando si va in montagna è l'abbigliamento e l'attrezzatura adeguata, scelta in base al periodo e all'escursione che si vuole affrontare. Il tempo in montagna cambia rapidamente, una nuvola nera che si avvicina velocemente o se inizia a piovere, la temperatura può scendere in poco tempo di diversi gradi. Per questo è buona cosa tenere nello zaino degli indumenti pesanti e un k-way o mantellina per ripararsi dalla pioggia in caso di maltempo improvviso.

Anche le calzature occupano un ruolo importante. Se per sentieri turistici vanno bene scarponcini bassi, per sentieri più impegnativi, da montagna, sono utili gli scarponi alti, che proteggono da possibili slogature nel caso in cui venga messo male il piede. Inoltre, scarponi con una buona mescola della suola garantiscono un ottimo grip nel terreno. Anche un paio di bastoncini da trekking aiutano sia la progressione in salita che in discesa.

Ricordarsi sempre di portarsi dietro acqua e cibo in base all'itinerario scelto, perché spesso lungo il tragitto non se ne trova.

Infine, se si decide di percorrere itinerari in inverno con la neve bisogna affrontarli nella maniera corretta. Cioè con abbigliamento pesante, ramponcini o ramponi se il sentiero è ben battuto o ciaspole per neve fresca. In inverno prima di avventurarsi è buona cosa informarsi sulla situazione neve e meteo.

Come ultima cosa, prima di intraprendere un'escursione è meglio adoperare delle creme solari, in quanto in altitudine alta, il sole è molto più forte.

10 punti da seguire per un'escursione

1) prepara la tua escursione prima di partire;
2) Scegli un percorso adatto alle tue caratteristiche e alla tua preparazione atletica;
3) Scegli un equipaggiamento e della attrezzatura idonea;
4) Consulta il bollettino nivometeorologico prima di partire;
5) Parti in compagnia, da soli è più rischioso;
6) Lascia informazioni sull'itinerario che hai intenzione di percorrere e sull'orario indicativo di rientro;
7) Non esitare ad affidarti ad un professionista;
8) Fai sempre attenzione alla segnaletica che trovi lungo il sentiero;
9) Non esitare di tornare indietro in caso di imprevisto;
10) In caso di incidente chiamate subito il 118;

Note per le escursioni:

- i tempi sono calcolati sia per l'andata che per il ritorno, o per fare l'anello.
- Le difficoltà e i tempi calcolati sono relativi e possono variare da persona a persona in base alla propria esperienza e allenamento.
- L'alpinismo e l'escursionismo sono attività potenzialmente pericolose se non praticate con la dovuta preparazione ed esperienza, qualora non si abbia la necessaria esperienza o preparazione, è necessario avvalersi di Guide Alpine.
- Le relazioni delle escursioni non possono essere considerate inconfutabilmente attendibili. Tutte le notizie, indicazioni, vanno valutate e verificate sul posto di volta in volta.
- Si declina ogni responsabilità per qualsivoglia inconveniente, incidente, perdita o danno risultanti dalle informazioni contenute nelle presenti relazioni.

Le tracce GPX

- Le tracce gpx non possono ritenersi inconfutabilmente esatte in quanto i sentieri, negli anni, possono subire variazioni o, durante la tracciatura, possono esserci stati degli errori di rilevamento; pertanto, si considera di seguirle come indicazioni di direzione e, durante il tragitto seguire sempre i cartelli e segnavia.
- Ad ogni escursione è presente un QR CODE dove poter scaricare ogni singola traccia dell'escursione desiderata. Qui sotto, inoltre, è possibile scaricare contemporaneamente tutte le tracce.
- In caso di problemi con il download è possibile richiederle via mail al seguente indirizzo: volpidelvajolet@gmail.com

TUTTE LE TRACCE:

1) Rifugio Scarpa Col di Luna

Da Frassené si sale a malga Luna e a passo Luna. Da qui si prosegue fino al Col di Luna. Poi si torna al passo Luna per proseguire fino al rifugio Scarpa per infine scendere direttamente a Frassené.

Il rifugio Scarpa visto dal Col di Luna.

SCHEDA TECNICA

Partenza: Frassenè Agordino 1084 metri **Tipologia:** anello **Dislivello:** 750 D+ **Lunghezza:** 11 km **Quota massima:** Col di Luna 1766 mt **Tempi:** 4 ore per l'anello **Segnaletica:** buona **Difficoltà:** media **Punti d'appoggio:** Rifugio Scarpa 1735 mt **Cime percorse:** Col di Luna 1766 mt **Segnavia:** 772 – 773 – 771 **Gruppo:** Pale di San Martino **Cartografia:** Tabacco 1:25.000, foglio 22, Pale di San Martino **Periodo consigliato:** primavera estate e autunno **Adatto ai cani:** si

INTRODUZIONE:

Una bella escursione ad anello da fare nel gruppo delle Pale di San Martino, nel versante Agordino, è la salita al col di Luna e al rifugio Scarpa. Il rifugio Scarpa è situato ai piedi del maestoso monte Agner, cima inconfondibile

delle Pale di San Martino. Il Monte Agner è famoso per la sua parete verticale che sfiora i 1600 metri ininterrottamente. Si classifica come la parete più lunga delle Dolomiti. Il rifugio Scarpa è stato realizzato dal pittore veneziano Enrico Scarpa nel 1912. Prima c'era un piccolo chalet. Successivamente fu ampliato a rifugio quando la sezione CAI di Agordo lo acquisì.

L'ESCURSIONE IN DETTAGLIO:

Si parte da Frassenè, a 1084 mt. È raggiungibile da Agordo o da Fiera di Primiero per il passo Forcella Aurine. Parcheggiato in paese, si imbocca la stradina che sale lateralmente alla vecchia seggiovia in disuso e si segue le indicazioni per il sentiero 772. Questo sentiero porta a Malga Luna, prima tappa di quest'escursione. Il sentiero inizialmente è una strada asfaltata, poi diventa carrareccia sterrata in mezzo al bosco. Dopo circa 500 mt di dislivello positivo si arriva a Malga Luna, a 1595 mt. Malga Luna è un piccolo bivacco di montagna immerso in un verde prato. Dalla malga si sale ancora per altri 10 minuti di cammino e si arriva ad un bivio. A destra si va al rifugio Scarpa ma per ora si procede a sinistra verso il passo Col di Luna. Si sale al passo di Col di

La cima del monte Agner.

Al passo di Luna.

Luna, a 1718 mt e si prosegue fino a raggiungere la cima del Col di Luna a 1766 mt. Dalla vetta si può ammirare un fantastico panorama sulla Conca Agordina e sulle vette Dolomitiche che la circondano. Per raggiungere il rifugio Scarpa si deve tornare indietro fino al primo bivio, alla Malga Luna, e proseguire dritto per il sentiero 773. Si attraversa ora, tagliando in orizzontale la montagna, fino a raggiungere il rifugio. Il rifugio Scarpa si trova a 1735 mt, ai piedi del Monte Agner. Dal rifugio parte anche la salita che porta all'attacco della ferrata Stella Alpina, che giunge in cima all'Agner. Per il ritorno si prende il sentiero 771, che scende insieme alla vecchia seggiovia in disuso fino a Frassenè.

La Croda Granda vista dal Col di Luna.

TIMBRI DEI RIFUGI E TRACCIA GPX

RIFUGIO SCARPA

TRACCIA GPX

2) Rifugio Treviso Val Canali

Da Cant del Gal, in val Canali, si segue il torrente Canali per risalire al rifugio Treviso. Si rientra per il Troi dei Todeschi, passando per Malga Canali. Bella e facile escursione sulle Pale di San Martino.

Il rifugio Treviso.

SCHEDA TECNICA:

Partenza: Val Canali, Rifugio Cant del Gal, 1180 mt **Tipologia:** anello **Dislivello:** 500 D+ **Lunghezza:** 8 km **Quota massima:** Rifugio Treviso 1629 mt **Tempi:** 3 ore per l'anello **Segnaletica:** buona **Difficoltà:** facile **Punti d'appoggio:** Rifugio Treviso 1629 mt **Cime percorse:** nessuna **Segnavia:** 707 – 718 Troi dei Todeschi **Gruppo:** Pale di San Martino **Cartografia:** Tabacco 1:25.000, foglio 22, Pale di San Martino **Periodo consigliato:** tutto l'anno meteo permettendo **Adatto ai cani:** si

INTRODUZIONE:

Una facile escursione nelle Pale di San Martino, adatta a tutti, è salire al rifugio Treviso, in Val Canali. Il dislivello di quest'escursione è di soli 500 mt e il sentiero non presenta nessuna difficoltà tecnica. Il tracciato si sviluppa prevalentemente in mezzo al bosco, costeggiando il torrente Canali. Infine, finisce nel punto più alto dell'escursione, al rifugio Treviso. Da qui si ha punto panoramico su tutta la Val Canali e sulle principali guglie delle Pale di San Martino. Il fatto che si trova a una quota relativamente bassa, il rifugio Treviso, costruito a fine '800, è il posto ideale anche per un'escursione fuori stagione come in primavera e autunno. In particolare, in autunno, il paesaggio è particolarmente pittoresco dato dagli innumerevoli larici presenti nella vallata tinti di giallo-arancio. Prima di tornare a valle, lungo la strada della val Canali, vale la pena fermarsi al laghetto Welsberg, piccolo lago artificiale dove si specchiano le Pale di San Martino. Davvero suggestivo per una foto.

L'ESCURSIONE IN DETTAGLIO:

Per fare quest'itinerario bisogna raggiungere la val Canali, più precisamente il rifugio ristorante Cant del Gal, a 1180 mt. Qui è presente un ampio parcheggio dove si può lasciare l'auto. Per raggiungere la val Canali, da Fiera di Primiero, bisogna seguire le indicazioni per Passo Cereda e, prima di attraversare il passo, è presente la deviazione per la val Canali.

Ci si incammina ora per il sentiero 707 che corre parallelo al torrente Canali. Inizialmente il sentiero sale dolcemente fino a quando si attraversa il rio. Qui il sentiero inizia ad impennarsi in mezzo al bosco, rendendosi più faticoso. Dopo innumerevoli tornanti e un'ora abbondante di cammino si giunge al rifugio Treviso a 1629 mt. Per il ritorno si può prendere il sentiero 718, chiamato "Troi dei Todeschi", che rientra al sentiero principale, compiendo un'escursione ad anello. Prima di giungere al parcheggio, vale la pena fare una tappa alla caratteristica malga Canali, facendo una brevissima deviazione dal sentiero principale.

TIMBRI DEI RIFUGI E TRACCIA GPX

RIFUGIO TREVISO

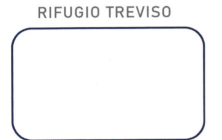

TRACCIA GPX

Il laghetto Welsberg.

3) Rifugio Pradidali Val Canali

Da Cant del Gal, in val Canali, si risale la ripida val Pradidali fino a raggiungere l'omonimo rifugio dopo 1200 mt di dislivello positivo. Escursione appagante ma impegnativa nelle Pale di San Martino.

SCHEDA TECNICA:

Partenza: Val Canali, Rifugio Cant del Gal, 1180 mt **Tipologia:** andata/ritorno **Dislivello:** 1200 D+ **Lunghezza:** 11 km a + r **Quota massima:** Rifugio Pradidali 2278 mt **Tempi:** 3 ore per l'andata **Segnaletica:** ottima **Difficoltà:** difficile **Punti d'appoggio:** Rifugio Pradidali 2278 mt **Cime percorse:** nessuna **Segnavia:** 709 **Gruppo:** Pale di San Martino **Cartografia:** Tabacco 1:25.000, foglio 22, Pale di San Martino **Periodo consigliato:** estate **Adatto ai cani:** no

INTRODUZIONE:

Un immancabile rifugio, situato nel cuore delle Pale di San Martino, è sicuramente il rifugio Pradidali. L'escursione è davvero bella tosta, il dislivello di 1200 mt in una lunghezza di soli 5 km per l'andata non è da sottovalutare.

Alla fine però, una volta raggiunto il rifugio, si ha davvero una grande soddisfazione. Il rifugio Pradidali è situato in una splendida posizione, ai piedi di torri e campanili, famose nel mondo dell'alpinismo dolomitico. Si è al cospetto della cattedrale di cima Canali, un vero spettacolo della natura. Il rifugio è famoso anche per chi ama l'arrampicata, infatti qui ci sono innumerevoli vie che sono state scalate e aperte da famosi climber, tra cui "Manolo", che qui stabilì il suo campo base nei primi anni della sua carriera.

Il rifugio Pradidali è anche crocevia di innumerevoli sentieri e ferrate e fa parte del Pala-ronda Trek, un trekking di più giorni che collega i vari rifugio delle Pale di San Martino.

Il lago Pradidali, nella pag. suc. indicazioni al rifugio.

L'ESCURSIONE IN DETTAGLIO:

Per quest'itinerario si parte dalla val Canali, più precisamente si può lasciare l'auto nei pressi del ristorante Cant del Gal. Per arrivare, da Fiera di Primiero si sale verso passo Cereda e si devia per la val Canali, prima di raggiungerlo. Se si arriva invece dal bellunese, bisogna fare il passo Cereda e poi scendere fino alla deviazione per la val Canali. Il punto di partenza per quest'escursione è situato a 1180 mt. Le indicazioni sono abbastanza evidenti, il sentiero da seguire e il sentiero 709, con segnavia per il rifugio Pradidali. Il sentiero è un classico sentiero dolomitico che parte salendo dal bosco e pian piano che si sale di quota, si trasforma fino a far sparire del tutto la vegetazione. Visto il dislivello da affrontare, il sentiero sale sempre ben deciso senza lasciare molte pause. In alcuni punti, come del resto su tutti i sentieri delle Pale di San Martino, sono presenti dei tratti esposti in cui bisogna fare attenzione. Sono presenti, inoltre, dei tratti con fune metallica che aiutano la progressione. Dopo circa tre ore di cammino si raggiunge il rifugio Pradidali a 2278 mt. 5 minuti a piedi più a nord è presente anche il lago Pradidali. Per il ritorno si percorre la stessa strada effettuata all'andata.

TIMBRI DEI RIFUGI E TRACCIA GPX

RIFUGIO PRADIDALI

TRACCIA GPX

4) Rifugio Lagazuoi Sentiero Kaiserjager

Da Passo Falzarego si sale al rifugio Lagazuoi per il sentiero Kaiserjager, passando per un bel ponte tibetano. Si rientra per sentiero classico o per le gallerie del Lagazuoi.

SCHEDA TECNICA:

Partenza: Passo Falzarego 2105 mt **Tipologia:** anello **Dislivello:** 700 D+ **Lunghezza:** 7 km **Quota massima:** Lagazuoi Piccolo 2778 mt **Tempi:** 5 ore per l'anello **Segnaletica:** ottima **Difficoltà:** difficile per l'esposizione, kit da ferrata per non esperti **Punti d'appoggio** Rifugio Lagazuoi 2752 mt **Cime percorse:** Lagazuoi Piccolo 2778 mt **Segnavia:** Sentiero Kaiserjager – 401 – 402 **Gruppo:** Dolomiti Ampezzane **Cartografia:** Tabacco 1:25.000, foglio 03, Cortina d'Ampezzo **Periodo consigliato:** estate **Adatto ai cani:** no

INTRODUZIONE:

Uno dei trekking più belli da fare a Cortina, in particolare nel Lagazuoi sulle Dolomiti Ampezzane, è intraprendere il sentiero dei cacciatori imperiali

austriaci, ovvero il sentiero Kaiserjager. Quest'escursione merita di essere fatta sia per un motivo paesaggistico, sia per la storia che emana questo posto, uno dei principali fronti durante la Prima Guerra Mondiale. Il Lagazuoi, infatti, era una roccaforte austriaca, piena di gallerie e trincee, molte visitabili tutt'oggi. Gallerie scavate durante il conflitto dagli austriaci e dagli italiani, che tentavano di espugnare questa montagna, punto strategico sui passi Falzarego e Val Parola. Oltre a questo, si godono fantastici panorami sulle principali vette Dolomitiche, in primi sul gruppo delle Tofane. L'escursione è abbastanza impegnativa nonostante siano solo 700 metri di dislivello, da non sottovalutare alcuni tratti molto esposti che richiedono set da ferrata se escursionisti non esperti.

L'ESCURSIONE IN DETTAGLIO:

Per quest'itinerario si può partire sia dal Passo Valparola che dal Passo Falzarego; infatti, i due sentieri che salgono dai passi si congiungono in un unico sentiero. Se si parte dal passo Falzarego, a 2105 mt, bisogna seguire i cartelli che indicano "sentiero Kaiserjager". Il sentiero sale ripidamente in quota, in un tipico paesaggio "lunare" dolomitico, fino a raggiungere la prima attrattiva dell'escursione, un ponte tibetano a funi sospese. In questo breve tratto, prima e dopo il ponte, è consigliato l'uso di imbrago/set da ferrata. Nonostante sia molto breve, è presente un tratto molto esposto protetto da cordino metallico. Arrivati al ponte si è giunti a circa metà della salita. Da qui si

Ingresso in galleria.

Il ponte tibetano.

prosegue ancora abbastanza ripidamente, sempre per sentiero tipicamente dolomitico, fino a raggiungere la vetta del Piccolo Lagazuoi a 2778 mt. Si scende ora leggermente di quota per arrivare anche al rifugio Lagazuoi, a 2752 mt. Per la via di ritorno si possono intraprendere due strade, la prima è la via ferrata Galleria del Lagazuoi, una via molto bella e facile. Si sviluppa principalmente dentro le gallerie di guerra. Per fare questo percorso è necessario avere il caschetto e la torcia in quanto si percorrono gallerie basse e buie. La seconda via, invece, percorre il sentiero classico che porta a passo Falzarego. Se si prende quest'ultima, bisogna scendere per il sentiero 401 che porta prima alla forcella Lagazuoi e poi a forcella Travenanzes a 2507 mt. Dalla forcella Travenanzes si prende il sentiero 402 che chiude l'anello al passo Falzarego.

VARIANTI:

Se l'escursione è troppo impegnativa si può salire al Lagazuoi con la funivia per poi scendere per i vari sentieri con la giusta attrezzatura.

Variante blu: Il tratto di sentiero che parte da passo Valparola.

Variante azzurra: La discesa per le gallerie del Lagazuoi.

TIMBRI DEI RIFUGI E TRACCIA GPX

RIFUGIO LAGAZUOI

TRACCIA GPX

5) Rifugio Scotoni Lago Lagazuoi

Dalla Capanna Alpina si sale al rifugio Scotoni e al lago Lagazuoi compiendo un facile itinerario tra il Lagazuoi e le Conturines.

SCHEDA TECNICA:

Partenza: Capanna Alpina 1720 mt, Armentarola **Tipologia:** andata/ritorno **Dislivello:** 450 D+ (250 D+ per arrivare al rifugio) **Lunghezza:** 6.5 km **Quota massima:** Lago Lagazuoi 2182 mt **Tempi:** 1.5 ore per raggiungere il lago, (50 minuti per il rifugio) **Segnaletica:** ottima **Difficoltà:** facile **Punti d'appoggio** Rifugio Scotoni 2040 mt **Cime percorse:** nessuna **Segnavia:** 20 **Gruppo:** Dolomiti Ampezzane **Cartografia:** Tabacco 1:25.000, foglio 03, Cortina d'Ampezzo **Periodo consigliato:** estate e autunno **Adatto ai cani:** si

INTRODUZIONE:

Un bel trekking tra la Val Badia e Cortina è raggiungere il rifugio Scotoni e il bellissimo laghetto Lagazuoi. L'escursione è abbastanza facile, il rifugio Scotoni lo si raggiunge in soli 50 minuti a piedi e, con un'altra mezz'oretta, si arriva anche al lago Lagazuoi. Unica nota è che essendo un percorso breve

di, 6.5 km tra andata e ritorno, si devono percorrere delle belle rampe in salita. Il sentiero è molto largo, senza nessun tratto esposto, ma bisogna risalire una pista da sci. Superato il rifugio, il sentiero che porta al lago è più esposto e interseca varie cascatelle. Il paesaggio che si può ammirare da questa vallata è molto bello ed immerso dentro la valle del Lagazuoi. Lungo tutto il tracciato, infatti, si notano le bellissime pareti de le Conturines a strapiombo che circondano la valle. Man mano che si sale, in fondo, si vede anche il gruppo del Sella. Il laghetto Lagazuoi inoltre è davvero suggestivo, con la cima Scotoni che si specchia nelle sue verdi acque.

L'ESCURSIONE IN DETTAGLIO:

Per questa escursione bisogna raggiungere il paese Armentarola, raggiungibile o da San Cassiano in val Badia o scendendo dal passo Valparola. Dal paese si devia per la Capanna Alpina, lungo la stradina che risale la vallata fino a raggiungerla a 1720 mt. Qui si può parcheggiare nel parcheggio a

pagamento e poi si seguono le evidenti indicazioni per il rifugio Scotoni, sentiero 20. Il sentiero è una stradina sterrata priva di pericoli che da pianeggiate comincia a salire molto decisa lungo una pista da sci, raggiungendo in appena 50 minuti il rifugio Scotoni a 2040 mt. Dal rifugio si prosegue lungo il sentiero per raggiungere il lago Lagazuoi e, con soli altri trenta minuti scarsi, si risale la forcella in fondo alla vallata, con dei tratti leggermente esposti lungo un sentiero davvero entusiasmante fino a raggiungere lo splendido lago Lagazuoi a 2182 mt.

Per il ritorno si procede per la stessa strada effettuata all'andata.

TIMBRI DEI RIFUGI E TRACCIA GPX

RIFUGIO SCOTONI

TRACCIA GPX

Le splendide pareti de le Conturines. Nella pagina precedente il lago Lagazuoi.

6) Rifugio Nuvolau Monte Averau

Anello che parte da passo Giau e conduce al rifugio Nuvolau per la ferrata Ra Gusela. Si scende poi al rifugio Averau per salire infine all'omonima cima. Si rientra per sentiero 452.

Il monte Averau.

SCHEDA TECNICA:

Partenza: Passo Giau 2236 mt **Tipologia**: anello **Dislivello**: 550 D+ **Lunghezza**: 8 km **Quota massima**: Cima Averau 2649 mt **Tempi**: 4.5 ore **Segnaletica**: buona **Difficoltà**: medio-difficile – **richiede set da ferrata**, imbrago e caschetto **Punti d'appoggio** Rifugio Averau 2413 mt, rifugio Nuvolau 2575 mt **Cime percorse**: Cima Averau 2649 m **Segnavia**: 443 – 438 – 439 – 452 **Gruppo**: Dolomiti Ampezzane **Cartografia**: Tabacco 1:25.000, foglio 03, Cortina d'Ampezzo **Periodo consigliato**: estate **Adatto ai cani**: no

INTRODUZIONE:

Un giro davvero entusiasmante, sia dal punto di vista adrenalinico, sia dal punto vista del paesaggio, tra i più belli delle Dolomiti, è raggiungere il rifugio Nuvolau da Passo Giau per poi successivamente salire alla cima dell'Averau. Il panorama che si può ammirare è davvero da cartolina: si vedono le Tofane, le Cinque Torri e il Lagazuoi, la Marmolada, il Civetta, le Pale di San

Martino, il Catinaccio, il Sassolungo, il Pelmo, il Sorapis e il Cristallo, un panorama a 360 gradi davvero completo. Tutto questo è contornato da un percorso adrenalinico da fare con set da ferrata che farà rendere la giornata super. Le ferrate da affrontare sono ben due, anche se relativamente brevi. La prima, la ferrata Ra Gusela, che dal passo Giau sale al rifugio Nuvolau, è più semplice, più un sentiero attrezzato che una via ferrata vera e propria, mentre la seconda, che dal rifugio Averau porta alla cima dell'Averau. Nonostante sia molto breve e indicata come semplice, presenta dei passaggi impegnativi, specie il primo tratto iniziale che non bisogna sottovalutare. Dalla cima dell'Averau non serve certo sottolineare che il panorama è davvero superlativo.

L'ESCURSIONE IN DETTAGLIO:

Per quest'escursione bisogna raggiungere il passo Giau salendo a 2236 mt da Caprile o da Cortina. Parcheggiata l'auto, si prende il caratteristico sentiero 452 con la Ra Gusela sullo sfondo. Quasi subito, al primo bivio bisogna svoltare a destra per il sentiero 443 seguendo le indicazioni per "ferrata Ra Gusela". Si procede ora per comodo sentiero in mezzo a rocce Dolomitiche per poi trovarsi ad un altro bivio. Qui si prende il sentiero 438, sempre ben indicato con Ferrata Ra Gusela. Qui si sale ripidamente in quota fino a raggiungere il punto in cui inizia il tratto attrezzato e, una volta imbragati con set da ferrata, si supera il ripido canalino senza troppe difficoltà. Superato questo tratto si raggiunge un pianoro con ampie vedute sulle 5 Torri e la Tofana, nel frattempo si inizia a intravedere il rifugio Nuvolau. Si procede sempre tramite sentiero fino a trovare il secondo tratto attrezzato di questa prima ferrata. Questo tratto è molto entusiasmante in quanto si percorre la cresta della montagna fino a

Le Tofane e le 5 Torri

raggiungere il rifugio Nuvolau a 2575 metri s.l.m. Dopo foto di rito al rifugio Nuvolau si procede scendendo al rifugio Averau tramite sentiero 439 raggiungendo rapidamente il rifugio Averau a 2413 mt. Raggiunto il rifugio si seguono le ben segnate indicazioni per la cima dell'Averau. Il sentiero che porta alla cima dell'Averau è formato da un primo tratto di sentiero normale in ambiente Dolomitico per poi raggiungere il tratto ferrato. Nel primo tratto della ferrata bisogna fare particolare attenzione in quanto si sale una paretina con pochi appigli. Un'altra cosa da fare molta attenzione è che questa è l'unica via per salire all'Averau; quindi, è facile trovarsi in ferrata con persone che scendono. Superato il tratto ferrato in una ventina di minuti si procede attaccando la cima salendo per un sentiero abbastanza ripido fino a raggiungere la cima a 2649 metri s.l.m. dove il panorama è davvero fantastico. Per il ritorno bisogna scendere al rifugio Averau facendo lo stesso percorso, cioè la ferrata. Dal rifugio Averau si può prendere il sentiero 452 che torna al passo Giau.

TIMBRI DEI RIFUGI E TRACCIA GPX

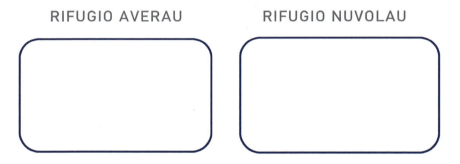

TRACCIA GPX

Vista dal monte Averau.

7) Rifugio Città di Carpi Misurina

Un facile itinerario ai piedi dei Cadini di Misurina. Dall'omonimo lago si risale il Col de Varda per raggiungere il rifugio Città di Carpi lungo un facile percorso panoramico.

SCHEDA TECNICA:

Partenza: Stazione a valle col de Varda – Misurina 1753 mt **Tipologia**: andata/ritorno **Dislivello**: 550 D+ **Lunghezza**: 11 km **Quota massima**: Rifugio Città di Carpi 2130 mt **Tempi**: 4 ore a + r **Segnaletica**: ottima **Difficoltà**: medio-facile **Punti d'appoggio** Rifugio Città di Carpi 2130 mt **Cime percorse**: nessuna **Segnavia**: 120 **Gruppo**: Cadini di Misurina **Cartografia**: Tabacco 1:25.000, foglio 17, Dolomiti di Auronzo e del Comelico **Periodo consigliato**: tutto l'anno **Adatto ai cani**: si

INTRODUZIONE:

Una medio-facile escursione dall'alto contenuto paesaggistico è salire al rifugio Città di Carpi da Misurina. Il panorama che offre questo itinerario è

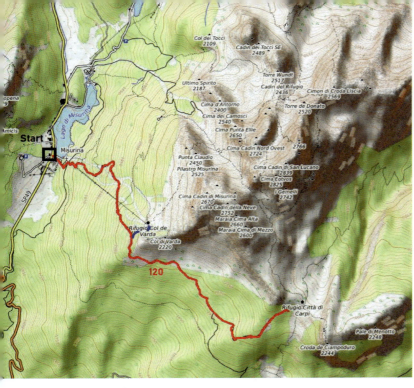

davvero sbalorditivo. Partendo da Misurina, fin da subito, si possono ammirare uno dei simboli delle Dolomiti: le tre Cime di Lavaredo che si specchiano nel lago di Misurina. Un altro gruppo Dolomitico che si può ammirare fin da subito è il Cristallo. Inoltre, dopo la salita iniziale, si apre uno strabiliante panorama su tutto il gruppo del Sorapis, quasi a toccarlo. L'escursione che sale al rifugio Città di Carpi è abbastanza semplice per via del ridotto dislivello, (può essere ulteriormente diminuito, quasi azzerandolo, se si sale al rifugio Col de Varda con la seggiovia). Il rifugio di norma è aperto tutto l'anno (verificare sempre l'apertura). Questo permette anche d'inverno di poter ammirare tutte le Dolomiti nel bellissimo contesto innevato. Arrivati al rifugio si arriva praticamente dietro ai Cadini di Misurina e d'estate, il rifugio Città di Carpi, può che non essere tappa per ulteriori escursioni in queste splendide montagne.

L'ESCURSIONE IN DETTAGLIO:

Per quest'escursione si parte dalla stazione a valle della seggiovia Col de Varda, che si trova subito prima del lago di Misurina, a 1753 mt. Dalla funivia è molto difficile sbagliare, si sale per l'evidente sentiero che si inoltra nel bosco con segnavia 120. La prima ora di sentiero sale abbastanza ripida nel bosco per poi arrivare in quota. In poco tempo si a 2100 mt. Raggiunta quest'altitudine il panorama si apre sul Sorapis e il sentiero si fa in leggera discesa fino a ridiscendere a circa 2000 mt. L'ultima mezz'ora si risale di nuovo di 100 metri di dislivello per raggiungere il rifugio Città di Carpi, situato in un punto strategico a 2110 mt a Forcella Maraia. Per il ritorno si prosegue per la stessa strada effettuata all'andata. Da considerare che al ritorno c'è un leggero saliscendi in quanto si riscende a 2000 metri per poi risalire a 2100 e infine la discesa a Misurina.

VARIANTI:

Variante blu: è possibile prendere la seggiovia Col de Varda per ridurre drasticamente il dislivello totale dell'itinerario.

TIMBRI DEI RIFUGI E TRACCIA GPX

RIFUGIO CITTÀ DI CARPI

TRACCIA GPX

Il Sorapiss.

8) Rifugio Re Alberto I Torri del Vajolet

Uno dei più classici percorsi da fare in val di Fassa, salita alle Torri del Vajolet toccando i rifugi Ciampedie, Gardeccia, Vajolet, Preuss, Re Alberto I e Passo Santner.

Le Torri del Vajolet

SCHEDA TECNICA:

Partenza: Rifugio Gardeccia, 1950 mt, da Ciampedie o da Pera **Tipologia:** andata/ritorno **Dislivello:** 800 D+ **Lunghezza:** 13 km **Quota massima:** Rifugio Passo Santner 2734 mt **Tempi:** 4/5 ore a + r **Segnaletica:** ottima **Difficoltà:** difficile **Punti d'appoggio** Rifugi Gardeccia 1949 mt, Vajolet 2243 mt, Preuss 2248 mt, Re Alberto I 2621 mt, Santner 2734 mt. **Cime percorse:** nessuna **Segnavia:** 540 – 546 – 542 **Gruppo:** Catinaccio o Rosengarten **Cartografia:** Tabacco 1:25.000, foglio 06, Val di Fassa e Dolomiti Fassane **Periodo consigliato:** estate **Adatto ai cani:** fino al Vajolet si, poi no

INTRODUZIONE:

Il Gruppo del Catinaccio è sicuramente uno dei più belli delle Dolomiti. In ogni angolo si nasconde una perla di bellezza. Una di queste sono di sicuro le imponenti Torri del Vajolet, meta ambita sia per chi pratica arrampicata, sia per l'escursionista che ama ammirare questo paesaggio.

Ai piedi di questi torrioni è situato il rifugio Re Alberto I meta di quest'escursione. Questo percorso è abbastanza impegnativo, il dislivello totale è di circa 800 metri. Il sentiero è ben segnato e facile a parte l'ultimo tratto che dal rifugio Vajolet porta al rifugio Re Alberto, che presenta alcuni tratti esposti e franosi. Dal rifugio Re Alberto I, con un ultimo sforzo, si può salire fino al rifugio Passo Santner.

L'ESCURSIONE IN DETTAGLIO:

Per quest'escursione si parte salendo dalla funivia che porta al Ciampedie da Vigo di Fassa o prendendo le seggiovie che salgono da Pera (traccia blu). Si parte a piedi e per leggero sentiero di salita si raggiunge in poco tempo il rifugio Gardeccia. Raggiunto il rifugio Gardeccia si prende il comodo e largo sentiero 546 che, con una pendenza costante, porta al rifugio Vajolet e Preuss ad un'altezza di 2243 mt, crocevia di molte escursioni nel Catinaccio. Dal Rifugio Vajolet si deve prendere il sentiero 542 e si risale per il ghiaione che porta al rifugio Re Alberto I a 2621 mt. Questo tratto di sentiero è un po' esposto ed abbastanza ripido. È presente in alcuni tratti un cordino metallico che aiuta la progressione. La fatica viene comunque ripagata dalle immense Torri del Vajolet, un capolavoro della natura. A volte, vicino al rifugio, c'è anche un piccolo laghetto. Nei periodi più secchi, purtroppo, si prosciuga. Dal rifugio Re Alberto con soli altri 100 metri di dislivello si può raggiungere il rifugio Passo Santner dove si può godere di un panorama superlativo.
Per il ritorno si può procedere per la stessa strada effettuata all'andata.

TIMBRI DEI RIFUGI E TRACCIA GPX

RIFUGIO CIAMPEDIE

RIFUGIO GARDECCIA

RIFUGIO PREUSS

RIFUGIO VAJOLET

RIFUGIO RE ALBERTO I

RIFUGIO SANTNER

TRACCIA GPX

9) Rifugio Passo San Nicolò e Contrin

Un sentiero entusiasmante, in cresta di montagna, che porta al rifugio Passo San Nicolò. Si rientra per la vallata del Contrin.

Il rifugio Passo San Nicolò

SCHEDA TECNICA:

Partenza: Arrivo della seggiovia Séla Brunéch 2420 mt **Tipologia:** anello **Dislivello:** 250 D+ 1200 D- **Lunghezza:** 12 km **Quota massima:** Séla Brunéch 2420 mt **Tempi:** 6 ore **Segnaletica:** buona **Difficoltà:** media **Punti d'appoggio** rifugio Passo San Nicolò 2346 mt, Rifugio Contrin 2015 mt, Baita Locia 1736 mt. **Cime percorse:** nessuna **Segnavia:** 613B sentiero Lino Pederiva – 608 – 602 **Gruppo:** Marmolada **Cartografia:** Tabacco 1:25.000, foglio 06, Val di Fassa e Dolomiti Fassane **Periodo consigliato:** estate **Adatto ai cani:** no

INTRODUZIONE:

Un'escursione molto appagante, sia a livello panoramico, sia per la bellezza del sentiero, è il giro ad anello che passa per il rifugio Passo San Nicolò e per la vallata del Contrin. L'escursione non è particolarmente impegnativa. Si

sviluppa quasi per intero in discesa, ma la cosa da non sottovalutare è l'estensione del percorso. Le cime che si riescono ad ammirare durante quest'itinerario sono tra le più belle della Val di Fassa, tra cui la parete sud ovest della Marmolada dove ai suoi piedi è situato il rifugio Contrin, i Monzoni e le vallate di San Nicolò e del Contrin. Il rifugio Contrin, durante la grande guerra, era una base austriaca e da qui impartivano i comandi a tutto il fronte di confine Italo/Austriaco. Infine, un'ultima nota golosa, il rifugio Contrin e l'omonima malga a fianco del rifugio. Sono famosi per la loro specialità di dolci e formaggi, in particolare lo yogurt, fatti con il latte di loro produzione.

L'ESCURSIONE IN DETTAGLIO:

Per questo giro ad anello si parte dal piccolo paese di Alba, frazione di Canazei, e si prende la funivia che porta al Ciampac, punto chiave per gli impianti sciistici della val di Fassa. D'estate si trasforma in ottimo punto verde di ristoro per respirare aria buona e godersi il panorama. Dal Ciampac si sale ancora con la seggiovia raggiungendo Séla Brunéch a 2420 mt. Da qui si prende il sentiero 613B chiamato anche sentiero attrezzato Lino Pederiva, uno spettacolare sentiero in cresta di montagna super panoramico. Dopo aver percorso questo tratto di sentiero ci si immette nel sentiero 613 che scende al rifugio Passo San Nicolò a 2346 mt. Il rifugio Passo San Nicolò, situato nell'omonimo passo, divide la vallata del Contrin con la Vallata di San Nicolò. La prossima tappa di questa camminata è il rifugio Contrin situato a 2016 mt, scendendo ancora per il sentiero 608. Dal rifugio Contrin, inoltre, partono una miriade di sentieri, famosa la ferrata che porta a Punta Penìa nella Marmolada dov'è situato il rifugio alpino più alto delle Dolomiti: La Capanna Punta Penìa a 3342 mt. Per il ritorno si prende il classico sentiero 602 che

Il rifugio Passo San Nicolò.

scende per la vallata del Contrin fino a ritornare ad Alba di Canazei passando per il rifugio Malga Cianci. Subito prima di arrivare al paese, però, ci si può fermare alla Baita Locia, una piccola e fiabesca casetta di montagna dove godersi l'ultimo spettacolare panorama sul Sassolungo.

TIMBRI DEI RIFUGI E TRACCIA GPX

RIFUGIO PASSO S. NICOLO'   RIFUGIO CONTRIN

TRACCIA GPX

10) Viel del Pan

Un sentiero facile e super panoramico. La protagonista indiscussa è la regina delle Dolomiti: la Marmolada. Attraversata da passo Pordoi a passo Fedaia per i rifugi Fredarola e Viel del Pan.

Il lago Fedaia.

SCHEDA TECNICA:

Partenza: Arrivo della funivia Col dei Rosch 2382 mt **Tipologia:** anello **Dislivello:** 150 D+ **Lunghezza:** 7 km **Quota massima:** Rifugio Viel del Pan 2432 mt **Tempi:** 3 ore **Segnaletica:** ottima **Difficoltà:** facile **Punti d'appoggio** rifugio Fredarola 2388 mt, rifugio Viel del Pan 2432 mt. **Cime percorse:** nessuna **Segnavia:** 601 Viel del Pan **Gruppo:** Marmolada **Cartografia:** Tabacco 1:25.000, foglio 06, Val di Fassa e Dolomiti Fassane **Periodo consigliato:** estate **Adatto ai cani:** si

INTRODUZIONE:

Un'interessante e facile escursione in Val di Fassa è senz'altro percorrere il Viel del Pan, uno spettacolare sentiero in cresta di montagna dove la protagonista principale è la regina delle Dolomiti: la Marmolada! La Marmolada con i suoi 3343 mt di punta Penìa è la vetta più alta delle Dolomiti che però, a differenza delle sue colleghe, non è composta da dolomia, bensì per lo più da calcari grigi molto compatti derivati da scogliere coralline, con inserti di materiale vulcanico. La cosa più spettacolare comunque rimane il suo immenso ghiacciaio, il più grande delle Dolomiti, anche se, man mano che passano le stagioni, con il riscaldamento globale si sta riducendo a vista d'occhio. Anche la flora e la fauna sono molto presenti in questi versanti, la varietà di specie di fiori è notevole e, durante il tragitto, non è cosa rara imbattersi in marmotte. Curiosi sono i fiori rosso scuro, chiamati Negritella. Se annusati profumano di vaniglia.

L'ESCURSIONE IN DETTAGLIO:

Per quest'escursione si parte da Canazei, fulcro della val di Fassa, prendendo prima la cabinovia che porta in località Pecol e poi la funivia che porta a Col dei Rosc (Col dei Rossi) a 2382 mt. Si può prendere anche la nuova funivia di Alba che porta direttamente a Col dei Rossi. Questo è già un ottimo punto panoramico sulla Marmolada, la val di Fassa e in particolare sul Ciampac. Da qui si raggiunge il rifugio Fredarola a 2388 mt situato subito sopra al passo Pordoi. A questo punto si inizia a percorrere il famoso Viel del Pan, sentiero 601, che in poco tempo porta all'omonimo rifugio: il rifugio Viel del Pan a 2432 mt. Questo è sicuramente uno dei migliori punti per ammirare la regina delle Dolomiti, la Marmolada, il Gran Vernel sulla destra del ghiacciaio e il lago Fedaia. Il sentiero è un classico sentiero di terra battuta che corre in dorsale della montagna, molto pianeggiante con qualche salita. Dal rifugio Viel del Pan si prosegue sempre per il sentiero 601 e, pian piano, si scende a passo Fedaia, 2054 mt. Man mano che si scende il percorso regala delle vere e proprie cartoline sulla Marmolada e il lago Fedaia. Per ritornare a Canazei si può prendere l'autobus di linea che passa ogni ora (attenzione agli orari che variano in base alla stagione).

La Marmolada.

VARIANTI:

Variante blu: Se si vuole allungare l'escursione è possibile fare una variante che porta fino a Porta Vescovo, nodo sciistico tra Arabba e la val di Fassa.

Variante azzurra: è possibile partire anche da Passo Pordoi senza prendere le varie funivie, solo che, una volta giunti al rifugio Viel del Pan o a Porta Vescovo, occorre tornare indietro.

TIMBRI DEI RIFUGI E TRACCIA GPX

RIFUGIO FREDAROLA   RIFUGIO VIEL DEL PAN

 TRACCIA GPX

11) Rifugio Padon Porta Vescovo

Un sentiero panoramico con vista Marmolada. Tra agordino e val di Fassa, da passo Fedaia si risale al rifugio Padon e a porta Vescovo lungo un sentiero molto frequentato da marmotte.

Marmotte lungo il percorso.

SCHEDA TECNICA:

Partenza: Passo Fedaia 2054 mt Tipologia: andata/ritorno Dislivello: 600 D+ Lunghezza: 10 km Quota massima: Porta Vescovo 2478 mt Tempi: 4 ore a + r Segnaletica: ottima Difficoltà: media Punti d'appoggio rifugio Padon 2407 mt Cime percorse: nessuna Segnavia: 680 Gruppo: Marmolada Cartografia: Tabacco 1:25.000, foglio 06, Val di Fassa Periodo consigliato: estate Adatto ai cani: si

INTRODUZIONE:

Una bella escursione che si può fare per ammirare appieno la Marmolada, la regina delle Dolomiti, è arrivare al rifugio Padon e salire fino a Porta

Vescovo. L'escursione si percorre tutta in quota in mezzo a pendii erbosi, dove spesso tra essi si nascondono innumerevoli marmotte e, facendo attenzione, è facile vederle seguendo con l'udito i loro tipici fischi. Oltre all'aria buona che si respira, la protagonista indiscussa di questa camminata rimane la Marmolada e il suo ghiacciaio, dove ai suoi piedi è situato il lago artificiale Fedaia, un panorama davvero da favola. Vicino al rifugio Porta Vescovo, si può intraprendere la ferrata delle Trincee, una ferrata un po' impegnativa ma tra le più belle di tutte le Dolomiti che percorre sentieri storici risalenti alla Prima guerra mondiale.

L'ESCURSIONE IN DETTAGLIO:

Per quest'escursione si parte dal Passo Fedaia ad una quota di 2054 mt, raggiungibile da Malga Ciapela o da Canazei. L'attacco del sentiero è ad est del lago, dalla parte opposta del ex cabinovia Pian dei Fiacconi. La strada per salire al rifugio Padon è comunque ben segnalata da un cartello in legno, molto difficile da non notare. La prima parte di sentiero si sviluppa risalendo una pista da sci e in un'ora circa si arriva al rifugio Padon a 2407 mt, facendo 400 metri scarsi di dislivello positivo. Una volta arrivati al rifugio Padon, si procede per il sentiero 680 che si sviluppa quasi interamente in quota, costeggiando la montagna. Qui si ha sempre un belvedere sulla Marmolada e sul lago Fedaia. In questa parte di sentiero è molto facile imbattersi in qualche marmotta o animale al pascolo. Dopo circa un'altra ora di cammino si arriva a Porta Vescovo, crocevia sciistico di Arabba situato a 2478 mt. Per il ritorno si procede per la stessa strada effettuata all'andata.

TIMBRI DEI RIFUGI E TRACCIA GPX

RIFUGIO PADON   TRACCIA GPX

12) Giro del Sassolungo

Il giro del Sassolungo è uno stupendo itinerario tra la val di Fassa e la val Gardena. Si visitano i rifugi Demetz, Vicenza e Comici girando attorno a questa cima dolomitica.

La cabinovia che sale al rifugio Demetz.

SCHEDA TECNICA:

Partenza: Passo Sella 2244 mt **Dislivello:** 300 D+ 800 D- prendendo la cabinovia, 800 D+ senza cabinovia **Tipologia:** anello **Lunghezza:** 9 km **Quota massima:** Rifugio Toni Demetz 2681 mt **Tempi:** 5 ore **Segnaletica:** ottima **Difficoltà:** medio facile **Punti d'appoggio** rifugio Toni Demetz 2681 mt, rifugio Vicenza 2253 mt, rifugio Comici 2154 mt **Cime percorse:** nessuna **Segnavia:** 525 - 526 **Gruppo:** Sassolungo **Cartografia:** Tabacco 1:25.000, foglio 06, Val di Fassa e Dolomiti Fassane **Periodo consigliato:** estate **Adatto ai cani:** si

INTRODUZIONE:

Un gran classico delle Dolomiti è senza dubbio il giro del Sassolungo, una fantastica escursione circolare che offre dei panorami e scorci davvero unici, immersi nel gruppo Dolomitico del Sassolungo. Completando l'anello di questa escursione si ha la possibilità di poter ammirare davvero molte cime Dolomitiche, prime fra tutti la Marmolada. La prima parte dell'escursione è rivolta a nord e si può scrutare la bellissima Val di Siusi e val Gardena con le

Odle. Poi, procedendo verso est, si hanno fantastiche vedute sul gruppo del Sella.

L'ESCURSIONE IN DETTAGLIO:

Punto di partenza di quest'escursione è il Passo Sella, valico che collega la val di Fassa con la Val Gardena, situato a 2244 mt. Il primo rifugio da raggiungere è il rifugio Toni Demetz a 2685 mt, quota massima di quest'escursione. Il rifugio è raggiungibile in due modi: il primo prendendo la cabinovia che lo collega direttamente al passo, risparmiando quasi tutto il dislivello in salita. Il secondo, invece, è prendendo il sentiero 525 che in un'ora e mezza di salita porta al rifugio. Il rifugio è situato esattamente alla forcella Sassolungo che divide il Sasso Piatto dal Sassolungo. Per raggiungere il rifugio Vicenza, la seguente destinazione, bisogna infatti scendere per il lungo e a tratti esposto canalone, seguendo sempre il segnavia ben segnato, che divide in due queste montagne fino a raggiungere un'altezza di 2253 mt. Subito sotto al rifugio Vicenza ci si imbatte ad un primo bivio che permette a destra di fare il giro del Sassolungo, mentre a sinistra quello del Sasso Piatto. Si procede a destra, per il sentiero

Il rifugio Comici.

526, compiendo un'ampia traversata in orizzontale e un po' in discesa con larghe vedute sull'Alpe di Siusi. Si continua a percorrere questo sentiero fino ad arrivare al bellissimo rifugio Comici, molto moderno

Il Sella, lungo il sentiero.

con annessi giochi per bambini. Infine, da quest'ultimo rifugio, si seguono le indicazioni per il passo Sella chiudendo così l'anello di quest'escursione passando per la città di Sassi.

TIMBRI DEI RIFUGI E TRACCIA GPX

RIFUGIO DEMETZ

RIFUGIO VICENZA

RIFUGIO COMICI

TRACCIA GPX

13) Rifugio Micheluzzi Baita Lino Brach

Una breve e facile escursione da fare in val di Fassa. Da Campitello di fassa si sale al rifugio Micheluzzi e alla baita Lino Brach per facili carrareccie, seppur con un tratto ripido.

SCHEDA TECNICA:

Partenza: Campitello di Fassa 1448 mt **Tipologia:** andata/ritorno **Dislivello:** 400 D+ **Lunghezza:** 9 km **Quota massima:** Baita Lino Brach 1856 mt **Tempi:** 3 ore a + r **Segnaletica:** ottima **Difficoltà:** facile **Punti d'appoggio** rifugio Micheluzzi 1850 mt. **Cime percorse:** nessuna **Segnavia:** 532 **Gruppo:** Sassolungo **Cartografia:** Tabacco 1:25.000, foglio 06, Val di Fassa e Dolomiti Fassane **Periodo consigliato:** estate **Adatto ai cani:** si **Presenza d'acqua:** no

INTRODUZIONE:

Se si vuole fare una bella e facile escursione nella parte settentrionale della val di Fassa, si può optare per la salita al rifugio Micheluzzi e la Baita Lino Brach, lungo la Val Duron. L'escursione di per sé non è per nulla impegnativa, il dislivello totale supera circa i 400 metri e sono sviluppati solo nel primo tratto. Una volta superato questo, il sentiero è per lo più pianeggiante. La val Duron è una bella vallata verde tra la catena del Sassolungo e quella del Catinaccio dove si trovano spesso mucche al pascolo. Da qui possono partire altri innumerevoli sentieri per il Catinaccio, il Sasso Piatto e l'Alpe di Tires. Subito vicino è situata anche la baita Lino Brach con le sue caratteristiche sculture in legno.

L'ESCURSIONE IN DETTAGLIO:

Per quest'itinerario si può partire dal centro di Campitello di Fassa a una quota di 1448 mt. Da qui si prosegue in direzione nord seguendo la via Strèda de Salin, strada asfaltata fino alla fine delle ultime case dove c'è anche un eventuale parcheggio. Da qui la strada diventa strada forestale e per il primo tratto la pendenza del tracciato è abbastanza elevata. Superato

questo tratto, il sentiero si fa più in dolce e dopo circa un'ora di cammino si arriva al rifugio Micheluzzi a una quota di 1850 mt. Qui si aprono le porte della Val Duron. A due passi dal rifugio, si raggiunge anche la baita Lino Brach a 1854 mt. Per il ritorno si può procedere per la stessa strada dell'andata.

Il rifugio Micheluzzi.

VARIANTI:

Il rifugio Micheluzzi può essere un punto di partenza per altre innumerevoli escursioni, la prima è raggiungere il rifugio Antermoia, mentre la seconda è arrivare al rifugio Alpe di Tires percorrendo tutta la val Duron e superando il passo Duron.

TIMBRI DEI RIFUGI E TRACCIA GPX

RIFUGIO MICHELUZZI

BAITA LINO BRACH

TRACCIA GPX

14) Rifugio Puez Vallunga

Bellissima ma anche lunga ed impegnativa escursione in val Gardena. Da Selva si Sale a passo Gardena per giungere al rifugio Puez. Si scende per la Vallunga con un dislivello negativo elevato.

Il rifugio Puez.

SCHEDA TECNICA:

Partenza: Impianto a monte Dantercepies passo Gardena 2298 mt **Tipologia:** anello **Dislivello:** 500 D+ 1200 D- **Lunghezza:** 15.5 km **Quota massima:** Rifugio Puez 2475 mt **Tempi:** 5.5 ore **Segnaletica:** ottima **Difficoltà:** medio-difficile da non sottovalutare la discesa **Punti d'appoggio** Rifugio Jimmy 2222 mt, rifugio Puez 2475 mt **Cime percorse:** nessuna **Segnavia:** 2 – 16 – 14 **Gruppo:** Puez Odle **Cartografia:** Tabacco 1:25.000, foglio 05, Val Gardena – Alpe di Siusi **Periodo consigliato:** estate **Adatto ai cani:** si

INTRODUZIONE:

Vista sul Sella da Passo Gardena.

Una classica escursione da fare in val Gardena, più precisamente a Selva di Val Gardena, è raggiungere il rifugio Puez da Passo Gardena e scendere a Selva lungo la Vallunga. L'escursione nonostante presenti un dislivello basso è abbastanza lunga, con vari saliscendi, dato che bisogna affrontare alcune forcelle. Dopo circa 3 ore di cammino e 7 km, si raggiunge il rifugio Puez e poi con un dislivello negativo di 1000 mt, da non sottovalutare, si scende a Selva per la Vallunga percorrendo un totale di 15.5 km. Il panorama è davvero superlativo. Si parte dal passo Gardena dove Sassolungo e Sella sono subito davanti ai nostri occhi con alle spalle il Cir. Man mano poi che si percorre l'itinerario ci si immerge nel parco Puez Odle con tutte le sue spettacolari cime, tra cui il Sas Ciampac, il Piz Duleda e il Piz Puez, tutte cime che sfiorano i 3000 mt. Dal rifugio Puez si ha una splendida veduta dall'alto sulla Vallunga con Selva di Val Gardena alla fine racchiusa tra le pareti strapiombanti della valle. Infine, dopo averla vista dall'alto si percorre anche una parte della Vallunga.

La Vallunga.

L'ESCURSIONE IN DETTAGLIO:

Per quest'escursione da Selva di Val Gardena si sale al Passo Gardena con gli impianti di risalita Dantercepies fino a raggiungere una quota di 2298 mt. Da qui si prosegue per vari saliscendi, leggermente in piano, seguendo le indicazioni per il rifugio Puez e Jimmy con segnavia 12A. Dopo nemmeno 20 minuti si raggiunge il rifugio Jimmy a 2222 mt. Dal rifugio Jimmy si prosegue per il sentiero nr 2 sempre seguendo le indicazioni per il rifugio Puez, passando per stupende guglie dolomitiche, si raggiunge la prima forcella, forcella Crespeina a 2527 mt. Raggiunta la forcella si scende leggermente di quota passando anche per un laghetto, il laghetto de Crespeina, per poi risalire a forcella de Ciampei incrociando il sentiero che sale da Colfosco.

Raggiunta, si prosegue lungo il sentiero e con un ultimo sforzo si raggiunge il rifugio Puez a 2575 mt, situato in un punto con una splendida veduta sulla Vallunga. Per il ritorno si prosegue per il sentiero nr 2 e poi il 16. Volendo si può scendere anche per il sentiero 14 ma è più lungo e più ripido. Raggiunta la fine della discesa che si sviluppa in affascinanti scalinate si prosegue per il fondo della Vallunga che riporta a Selva di Val Gardena.

TIMBRI DEI RIFUGI E TRACCIA GPX

RIFUGIO JIMMY   RIFUGIO PUEZ

TRACCIA GPX

15) Rifugio Stevia Val Gardena

Dal centro di Selva di Val Gardena si sale a questo splendido rifugio, posizionato in un balcone verde sul Sassolungo e sul Sella.

Il rifugio Stevia.

SCHEDA TECNICA:

Partenza: Selva di Val Gardena **Dislivello:** 850 D+ **Tipologia:** andata/ritorno **Lunghezza:** 11 km **Quota massima:** Rifugio Stevia 2312 mt **Tempi:** 5 ore **Segnaletica:** ottima **Difficoltà:** medio-difficile **Punti d'appoggio** Rifugio Juac 2312 mt, Rifugio Stevia 2312 mt **Cime percorse:** nessuna **Segnavia:** 3 - 17 **Gruppo:** Puez Odle **Cartografia:** Tabacco 1:25.000, foglio 05, Val Gardena – Alpe di Siusi **Periodo consigliato:** estate **Adatto ai cani:** si

INTRODUZIONE:

Uno dei giri più classici che si possono fare a Selva di Val Gardena, è salire al rifugio Stevia. Il rifugio Stevia è ubicato in una splendida posizione panoramica e da cui si può ammirare un bellissimo panorama sui principali gruppi dolomitici della val Gardena. Il dislivello di 850 mt in 5.5 km di salita, rende l'itinerario di difficoltà medio difficile. Oltre al rifugio Stevia, si passa anche per lo splendido rifugio Juac, posto in un prato verde con vista sul Seceda.

La prima parte dell'escursione si sviluppa per facili stradine sterrate in mezzo al bosco. Una volta superato il rifugio Juac, il sentiero si fa più ripido con alcuni tratti esposti ma di facile progressione. Il sentiero comunque è ben tenuto e ben sistemato con gradoni in legno. Dal rifugio si ha una vista incredibile sul Sassolungo, sul Sella e sulla val Gardena fino all'alpe di Siusi e sullo Sciliar in lontananza. Verso nord invece si possono ammirare le dolomiti del parco Puez Odle con il più vicino Col Dala Pieres raggiungibile in un'ora e mezza dal rifugio Stevia.

L'ESCURSIONE IN DETTAGLIO:

Per quest'escursione si parte da Selva di val Gardena. Si può parcheggiare in località Daunei dove è presente un piccolo parcheggio ma, se non si vuole rischiare di non trovare posto, si può parcheggiare a Selva o al parcheggio della Vallunga. Se si parte da Selva o dalla Vallunga, bisogna raggiungere la località Daunei a piedi. In circa 20 minuti la si raggiunge camminando per sentieri che costeggiano la strada. Il sentiero da seguire in questi punti è il numero 3 che porta al rifugio Firenze. Raggiungo Daunei compaiono anche i primi cartelli per il rifugio Stevia e si prosegue sempre per il sentiero nr 3 che sale in maniera tranquilla in mezzo al bosco. Dopo circa un'oretta dalla partenza da Selva, si raggiunge il rifugio Juac a 1903 mt. Da qui si prosegue per sentiero nr 17 con indicazioni rifugio Stevia. Il sentiero ora si fa più ripido e,

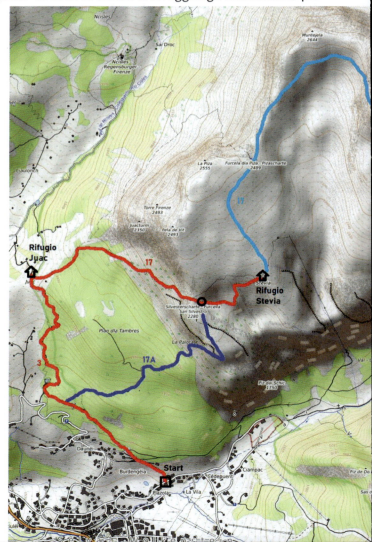

superando diversi gradoni con tornanti a zig-zag, si raggiunge forcella Silverster a 2217 mt. Si scende leggermente di quota incontrando anche il sentiero 17A (variante blu che sale sempre da Selva in maniera più diretta) e si prosegue per un verde pendio in cresta fino a raggiungere il rifugio Stevia a 2312 mt. Per il ritorno si può percorrere lo stesso sentiero fatto all'andata o si può tornare per il più ripido e diretto sentiero 17A compiendo un'escursione ad anello. Volendo si può fare l'anello anche nel senso opposto, salendo per il 17A e scendendo per il 17.

VARIANTI:

Variante azzurra: dal rifugio Stevia, in un'ora e mezza di salita e altri 300 mt di dislivello, si può raggiungere il Col Dala Pieres a 2747 mt dove dalla cima si ha una vista ancor più mozzafiato. Attenzione che per raggiungerlo ci sono dei tratti un po' esposti e attrezzati con cordino.

TIMBRI DEI RIFUGI E TRACCIA GPX

RIFUGIO JUAC

RIFUGIO STEVIA

TRACCIA GPX

Il rifugio Juac.

16) Anello del Seceda

Escursione assolutamente da fare che porta nel luogo più bello della val Gardena: il Seceda. Itinerario ad anello che porta nei più bei posti di quest'altopiano partendo dagl'impianti a monte Col Raiser.

Vista da Seceda.

SCHEDA TECNICA:

Partenza: impianto a monte Col Raiser, Santa Cristina, 2107 mt **Dislivello:** 500 D+ 1000 D- **Tipologia:** anello **Lunghezza:** 13 km **Quota massima:** Seceda 2518 mt **Tempi:** 5 ore **Segnaletica:** buona **Difficoltà:** media, da non sottoval. la discesa **Punti d'appoggio** Malga Daniel, malga Mastlé, malga Sofie, Malga Pieralongia, rifugio Firenze, malga Sangon **Cime percorse:** Seceda 2518 mt **Segnavia:** 2 – 1A – 6 – 2B – 13 **Gruppo:** Puez Odle **Cartografia:** Tabacco 1:25.000, foglio 05, Val Gardena – Alpe di Siusi **Periodo consigliato:** estate **Adatto ai cani:** si

INTRODUZIONE:

Seceda è sicuramente uno dei punti più famosi delle Dolomiti patrimonio dell'umanità UNESCO. Per chi ama queste montagne è un'escursione obbligatoria che non si può perdere. I vari percorsi, indubbiamente, sono molto

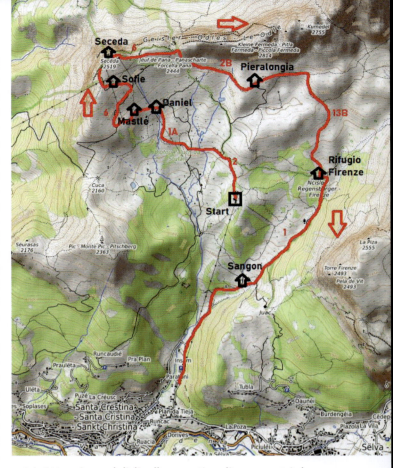

affollati a causa dei tanti impianti di risalita che partono da Ortisei e Santa Cristina. Nonostante ciò, gli innumerevoli rifugi e malghe presenti in quest'alpeggio tenuto a regola d'arte, distribuiscono bene gli escursionisti e permettono di creare tantissime varianti di camminate, sia facili che difficili. Quest'itinerario proposto è un anello di media difficoltà studiato per godersi il più possibile questo luogo magico. La lunghezza totale è di 13 km per un dislivello positivo di 500 metri. Attenzione al dislivello negativo di 1000 metri che si può evitare tornando a Santa Cristina utilizzando gli impianti Col Raiser. Il panorama ammirabile durante quest'itinerario è davvero favoloso. Fin da subito si ha di fronte l'imponente mole del Sassolungo che sarà visibile durante tutto il tragitto. Il punto più spettacolare e fotografato rimane ovviamente da Seceda, vicino agl'impianti di risalita che salgono da Ortisei, dove si ha la più bella vista sulle Odle e sulle malghe presenti in quest'alpeggio. Ultima nota particolare sono le due rocce del Pieralongia: due guglie dolomitiche nei pressi della malga Pieralongia alquanto particolari che ricordano due squali che emergono dall'acqua. Da vedere!

L'ESCURSIONE IN DETTAGLIO:

Per quest'escursione si parte dall'arrivo della cabinovia Col Raiser che sale da Santa Cristina di Val Gardena e che porta già in quota a 2107 mt. Ammirato il panorama, ci si incammina per il sentiero nr 2 e al primo bivio si seguono le indicazioni per malga Daniel seguendo il sentiero nr 1A salendo di circa 100 mt di dislivello. Da Malga Daniel si prosegue verso malga Mastlé per poi proseguire verso malga Sofie per il sentiero 6. Da malga Sofie ormai si è giunti anche a Seceda e, dopo circa 1.5 ore dalla partenza, si raggiungono i 2500 mt del punto più panoramico dell'escursione. Da Seceda si prosegue per il sentiero nr 6 che percorre le famose creste del Seceda. Finite queste creste si raggiunge un bivio, che verso sud porta a malga Troier tagliando direttamente per il Col Raiser, mentre a est porta al Pieralongia. Si prosegue a est e, dopo circa 3 ore dalla partenza, si raggiunge Malga Pieralongia a 2297 mt. Dalla malga si continua per il sentiero 2B con indicazioni rifugio Firenze fino a trovare un bivio con il sentiero 13B che porta direttamente al rifugio Firenze a 2037 mt. Da rifugio Firenze, infine, si prosegue per sentiero nr 1 posto dietro al rifugio che, percorrendo tutta la vallata, riporta al parcheggio della funivia Col Raiser, passando prima per malga Sangon. Se si vuole evitare la lunga discesa, dal rifugio Firenze si può tornare a Col Raiser in una mezz'oretta per poi scendere con la cabinovia.

Le torri del Pieralongia.

TIMBRI DEI RIFUGI E TRACCIA GPX

MALGA DANIEL

MALGA MASTLE'

BAITA SOFIE	SECEDA

MALGA PIERALONGIA	RIFUGIO FIRENZE

MALGA SANGON	TRACCIA GPX

Il rifugio Firenze.

17) Rifugio Molignon Alpe di Siusi

Uno dei migliori modi per visitare l'alpe di Siusi è raggiungendo il rifugio Molignon con viste fenomenali sul Sassolungo.

Il rifugio Molignon.

SCHEDA TECNICA:

Partenza: Compaccio, Alpe di Siusi 1850 mt **Tipologia:** andata/ritorno **Dislivello:** 400 D+ **Lunghezza:** 12 km **Quota massima:** Rifugio Molignon 2054 mt **Tempi:** 2 ore per raggiungere il rifugio **Segnaletica:** ottima **Difficoltà:** facile **Punti d'appoggio** Edelweiss Hutte 2000 mt, Almenrosen Hutte 2004 mt, rifugio Molignon 2054 mt **Cime percorse:** nessuna **Segnavia:** 7 **Gruppo:** Marmolada **Cartografia:** Tabacco 1:25.000, foglio 05, Val Gardena – Alpe di Siusi **Periodo consigliato:** estate **Adatto ai cani:** si

INTRODUZIONE:

L'Alpe di Siusi è un'ambiente davvero unico al mondo, uno degli altipiani più belli da visitare che offre davvero molte varianti di escursioni. L'itinerario proposto è relativamente semplice e permette di visitarlo in tranquillità e ammirare i suoi bellissimi scorci. La lunghezza totale per raggiugere il rifugio

Molignon è di 6 km di andata e 6 km di ritorno e, tra vari saliscendi si fa un dislivello positivo di 400 mt. Da fare attenzione al sole, dato che il tracciato è tutto esposto e privo di alberi. Si rischia di prendere una bella scottatura vista l'altitudine. Oltre ai bellissimi alpeggi tenuti a regola d'arte, il piatto forte di questo luogo sono le Dolomiti che lo circondano, creando paesaggi tra i più fotografati al mondo. Se verso ovest si può ammirare lo Sciliar, a est si ha una delle angolazioni migliori per poter vedere il Sassolungo. Unica nota, per raggiungere l'Alpe di Siusi, ci sono due modi principalmente. Uno è salendo in macchina con vincolo di salire prima delle ore 9.00 e scendere dopo le 17.00 pagando un parcheggio davvero salato. Il secondo modo è salendo con gli impianti di Siusi o di Ortisei. L'impianto di Siusi porta direttamente al Compaccio, mentre quello di Ortisei porta più a nord e se si vuole arrivare al Compaccio bisogna aggiungere un'oretta di camminata.

L'ESCURSIONE IN DETTAGLIO:

Raggiunto il Compaccio a 1850 mt, si prosegue direzione sud verso la seggiovia panorama (sentiero nr 7) dove è già indicato "rifugio Molignon" (a volte viene indicato con il nome tedesco "Mahlknecht hutte"). Il sentiero percorre una stradina asfaltata che sale lentamente verso gli impianti a monte Panorama per poi deviare per strada sterrata che prosegue sempre in leggera salita e discesa. Il percorso fino al rifugio Molignon è tutto un saliscendi su stradine sterrate e durante l'itinerario, prima di raggiungere il rifugio si passa per

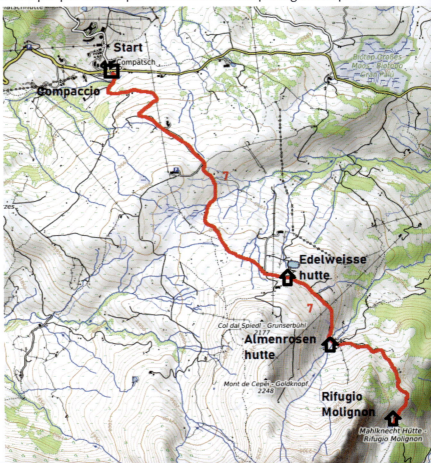

L'Alpe di Siusi.

delle stupende malghe tenute a regola d'arte. Precisamente sono Edelweiss Hutte (rifugio Stella Alpina) e Almenrosenhutte. Dopo circa due ore di cammino, si raggiunge il rifugio Molignon a 2054 mt. Per il ritorno si procede per la stessa strada effettuata all'andata.

VARIANTI:

Essendo tutte stradine larghe e sterrate, una valida alternativa per visitare l'Alpe di Siusi è farlo in mountain bike o, se si è poco allenati, in E-bike usando gli innumerevoli noleggi in zona.

TIMBRI DEI RIFUGI E TRACCIA GPX

EDELWEISS HUTTE

ALMENROSEN HUTTE

RIFUGIO MOLIGNON

TRACCIA GPX

18) Giro dei 5 laghi

Uno dei sentieri più amati dai frequentatori di Madonna di Campiglio, nelle Dolomiti di Brenta. Si passa per i 5 laghi, più un sesto, il lago Nambino dove si trova l'omonimo rifugio.

Il lago Ritorto.

SCHEDA TECNICA:

Partenza: Stazione a monte 5 laghi 2065 mt, Madonna di Campiglio **Tipologia:** anello **Dislivello:** 400 D+ 900 D− **Lunghezza:** 10 km **Quota massima:** Passo Ritorto 2277 mt **Tempi:** 6 ore **Segnaletica:** ottima **Difficoltà:** media **Punti d'appoggio** rifugio Lago Nambino 1728 mt **Cime percorse:** nessuna **Segnavia:** 232 – 217 **Gruppo:** Adamello Presanella **Cartografia:** Tabacco 1:25.000, foglio 53, Dolomiti di Brenta **Periodo consigliato:** estate **Adatto ai cani:** si

INTRODUZIONE:

Un'escursione tra le più famose che si può fare nel comprensorio di Madonna di Campiglio è il giro dei 5 laghi. Più precisamente ai laghi Ritorto, Lambino, Gelato, Serodoli e Nero. Oltre a questo, se si decide di scendere a piedi a Madonna di Campiglio si attraversa anche un sesto lago, il lago Nambino dov'è situato l'omonimo rifugio. I 5 laghi fanno parte del gruppo delle

alpi Retiche, più precisamente della Presanella e sono tutti di origine glaciale. Tutto il gruppo della Presanella è formato da piccoli laghi di origine glaciale che si trovano al di sopra dei 2000 metri. Infatti, durante l'escursione, sono presenti anche altri piccoli laghetti senza nome. Oltre al panorama suggestivo di questi laghi immersi nella natura verso est, si può ammirare tutto il gruppo delle Dolomiti di Brenta. L'escursione non è molto impegnativa, il dislivello in salita è minimo, richiede però un po' di allenamento vista l'estensione. Inoltre, durante tutto il percorso non sono presenti rifugi, ci sono solo all'inizio, all'arrivo della cabinovia 5 laghi e alla fine al lago Nambino. Simpatiche le campane da suonare al lago Ritorto.

L'ESCURSIONE IN DETTAGLIO:

Dal centro di Madonna di Campiglio si raggiunge la cabinovia 5 laghi e la si prende. Giunti a monte al rifugio 5 laghi, a 2065 mt, si procede per il sentiero 232, un comodo sentiero pianeggiante che porta in poco tempo al primo lago, il lago Ritorto. Dal lago si prosegue sempre per il sentiero 232 per raggiungere il passo Ritorno a 2277 mt. Questo è l'unico tratto di vera salita. Dal passo inizia una camminata in cresta di montagna che, attraverso vari

Laghi Serodoli e Gelato.

Rifugio Nambino, sotto il lago Nero.

saliscendi, porta prima al lago Lambin e poi ai laghi Gelato e Serodoli che sono vicini. Dal Lago Serodoli inizia la discesa che porta al lago Nero ammirabile fin da subito dall'alto. Questo tratto di discesa è il sentiero 217. Dal lago Nero si scende ancora arrivando ad un bivio che porta in entrambi i sentieri al lago Nambino. Si prende uno dei due sentieri e si scende al lago Nambino e al suo rifugio a 1728 mt. Infine, per chiudere quest'escursione ad anello, si rientra a Madonna di Campiglio a piedi seguendo sempre il sentiero.

TIMBRI DEI RIFUGI E TRACCIA GPX

RIFUGIO NAMBINO

TRACCIA GPX

19) Rifugio Brentei
Rifugio Alimonta

Escursione premium nelle Dolomiti di Brenta, a Madonna di Campiglio. Itinerario difficile ma che porta a due dei più bei rifugi del gruppo: il rifugio Brentei e il rifugio Alimonta.

Il rifugio Alimonta.

SCHEDA TECNICA:

Partenza: Rifugio Vallesinella 1513 mt, Madonna di Campiglio **Tipologia:** andata/ritorno **Dislivello:** 1200 D+ **Lunghezza:** 15 km **Quota massima:** Rifugio Alimonta 2587 mt **Tempi:** 7 ore **Segnaletica:** ottima **Difficoltà:** difficile **Punti d'appoggio** Rifugio Vallesinella 1513 mt, Casinei 1826 mt, Brentei 2182 e Alimonta 2587 mt. **Cime percorse:** nessuna **Segnavia:** 317 – 318 – 323 **Gruppo:** Dolomiti di Brenta **Cartografia:** Tabacco 1:25.000, foglio 53, Dolomiti di Brenta **Periodo consigliato:** estate **Adatto ai cani:** si, se allenati a percorsi lunghi ed umpegnativi.

INTRODUZIONE:

Un giro fenomenale da fare nelle Dolomiti di Brenta è raggiungere il rifugio Alimonta nella piana degli Sfulmini passando per il rifugio Brentei, altro

rifugio tra i più belli delle Dolomiti di Brenta. L'escursione è bella tosta e lunga, il dislivello da affrontare è di 1100 metri e nell'ultimo tratto il tracciato si fa anche molto pendente. I tempi per raggiungere il rifugio sono indicati in 4 ore, ma sono fattibili in 3 ore e mezza. Partendo da Vallesinella (Madonna di Campiglio) la prima parte di sentiero si sviluppa in mezzo al bosco fino a raggiungere il rifugio Casinei. Dal rifugio, man mano che si sale, il bosco si dirama fino a che il paesaggio si trasforma completamente in ambiente Dolomitico privo di vegetazione. Il rifugio Alimonta è situato nel cuore delle Dolomiti di Brenta, da qui infatti transitano alcune tra le più belle vie ferrate di tutte le Dolomiti, ossia le Bocchette centrali e Bocchette alte. Arrivare fino al rifugio Alimonta può che non essere una grande soddisfazione.

Il rifugio Brentei.

L'ESCURSIONE IN DETTAGLIO:

Per quest'escursione si raggiunge il rifugio Vallesinella in auto da Madonna di Campiglio. Nel periodo d'alta stagione, in estate, bisogna arrivare presto in quanto ad un certo orario la strada di salita è consentita al transito solo ai bus navetta (verificare orari di apertura e chiusura strada nei vai uffici turistici). Parcheggiata la macchina si seguono le indicazioni per il rifugio Brentei e Casinei, segnavia 317, che si trovano sulla destra del parcheggio, attraversando un ponte di legno. Da qui il sentiero che porta al rifugio Casinei è in mezzo al bosco e sale abbastanza ripidamente; infatti, nel giro di un'ora dalla partenza si raggiunge il rifugio Casinei a 1826 mt. Dal rifugio Casinei si procede per il sentiero 318, seguendo sempre le indicazioni per il rifugio Brentei. Questo tratto di sentiero è più lungo ma la pendenza è molto ridotta camminando in cresta di montagna. In questo tratto ci sono dei piccoli e brevi punti esposti attrezzati con cordino metallico che però non necessitano di set da ferrata. Prima di arrivare al rifugio si passa anche attraverso una piccola grotta che, superata, si inizia a intravedere la chiesetta del rifugio Brentei. Raggiunto anche il rifugio Brentei a 2178 mt, si prende il sentiero 323, più ripido, che dopo circa un'ora di cammino, tra torrioni dolomitici, porta in una posizione splendida dov'è situato il rifugio Alimonta a 2587 mt. Qui è situata anche una bellissima campana. Per il ritorno si procede per la stessa strada effettuata all'andata.

TIMBRI DEI RIFUGI E TRACCIA GPX

RIFUGIO CASINEI

RIFUGIO BRENTEI

RIFUGIO ALIMONTA

TRACCIA GPX

20) Rifugio Graffer Monte Spinale

Un facile percorso da fare a Madonna di Campiglio. Presa la cabinovia del monte Spinale ci si dirige verso il rifugio Graffer.

Il rifugio Graffer.

SCHEDA TECNICA:

Partenza: Chalet Fiat, arrivo cabinovia Spinale 2099 mt **Tipologia:** andata/ritorno **Dislivello:** 400 D+ **Lunghezza:** 8 km **Quota massima:** Rifugio Graffer 2261 mt **Tempi:** 2 ore per raggiungere il rifugio **Segnaletica:** ottima **Difficoltà:** facile **Punti d'appoggio** Rifugio Graffer 2261 mt **Cime percorse:** monte Spinale 2104 mt **Segnavia:** 331 **Gruppo:** Dolomiti di Brenta **Cartografia:** Tabacco 1:25.000, foglio 53, Dolomiti di Brenta **Periodo consigliato:** tutto l'anno **Adatto ai cani:** si

INTRODUZIONE:

Se ci si trova a Madonna di Campiglio e si vuole fare un'escursione leggera, non molto faticosa, godendosi la natura e i verdi prati d'alta quota, sicuramente la salita al rifugio Graffer partendo dal monte Spinale può essere una scelta giusta. L'escursione infatti è facile, il dislivello tra andata e ritorno è di

soli 300 metri salendo già in quota con la cabinovia del monte Spinale a Madonna di Campiglio. Durante l'itinerario si può ammirare anche un laghetto alpino d'alta quota, il lago Spinale, dove si riflettono le Dolomiti di Brenta. La meta finale di quest'escursione è il rifugio Graffer, splendido rifugio sul pian del Grostè, dal quale si può ammirare un bellissimo panorama sulle Dolomiti di Brenta e sul gruppo Adamello-Presanella. Il rifugio fu intitolato a Giorgio Graffer, uno degli arrampicatori più valenti della storia dell'alpinismo.

L'ESCURSIONE IN DETTAGLIO:

Per quest'escursione si parte da Madonna di Campiglio prendendo la cabinovia Spinale che porta velocemente in cima al monte Spinale a 2099 mt, dov'è ubicato anche lo Chalet Fiat. Da qui si procede per il sentiero 331 che scende leggermente di quota fino a raggiungere la prima tappa di quest'escursione, il lago Spinale. Dal lago il sentiero comincia a risalire passando per ampi prati verdi d'alta quota fino ad arrivare ad un bivio con il sentiero 382 dove entrambe le direzioni portano al rifugio Giorgio Graffer. (variante azzurra che può essere utilizzata per il ritorno) Il rifugio fin da subito è visibile in lontananza e, dopo circa due orette, lo si raggiunge arrivando ad una quota di 2261 mt. Per il ritorno si può procedere per la stessa strada effettuata all'andata o prendere il sentiero 382.

VARIANTI:

Variante blu: Se si vuole aumentare il dislivello dell'escursione si può salire fino al rifugio Stoppani al Grostè a 2436 mt.

TIMBRI DEI RIFUGI E TRACCIA GPX

RIFUGIO GRAFFER   TRACCIA GPX

21) Rifugio Carestiato Mont Alt di Framont

Una bellissima escursione a una cima super panoramica in Agordino. Da passo Duran si sale al rifugio Carestiato per poi proseguire per forcella Camp e cima Mont Alt di Framont.

Il rifugio Carestiato.

SCHEDA TECNICA:

Partenza: Passo Duran 1598 mt Tipologia: andata/ritorno Dislivello: 900 D+ compresi i saliscendi (200 D+ solo al rifugio) Lunghezza: 14 km Quota massima: Cima Mont Alt di Framont 2181 mt Tempi: 3 h per raggiungere la cima Segnaletica: ottima, seguire rifugio Carestiato, forcella Camp e poi Mont Alt Difficoltà: medio-difficile Punti d'appoggio Rifugio Bruto Carestiato 1834 mt Cime percorse: Cima Mont Alt di Framont 2181 mt Segnavia: 549 – 554 Gruppo: Moiazza Cartografia: Tabacco 1:25.000, foglio 25, Dolomiti di Zoldo, Cadorine e Agordine Periodo consigliato: estate (fino al rifugio anche d'inverno) Adatto ai cani: si, ma impegnativo. Lunghi tratti al sole

INTRODUZIONE:

L'escursione alla cima Mont Alt di Framont è un trekking stupendo da fare in agordino, con un panorama mozzafiato su tutte le Dolomiti, in particolare sulla Moiazza. Raggiungere la cima Mont Alt di Framont è una classica escursione in agordino. Si percorrono sentieri tra le Dolomiti e si passa per uno dei più frequentati rifugi dell'agordino, il rifugio Bruto Carestiato. L'escursione è abbastanza impegnativa, specie l'ultimo tratto che porta alla cima Mont Alt di Framont, dove il sentiero si fa molto ripido. Il dislivello per raggiungere la cima è di 900 mt considerando che al ritorno ci sono due risalite. Risalire a forcella Camp e risalire al rifugio Carestiato. La lunghezza totale dell'escursione è di 14 km. Se ci si ferma unicamente al rifugio Carestiato è una passeggiata facile che comporta una durata di soli 45 minuti.

Sentiero dolomitico.

Il sentiero che porta a Forcella Camp è leggermente esposto e bisogna fare un po' di attenzione. Al ritorno, inoltre, è anche tutta al sole e i bassi pini mughi creano un clima molto caldo. Superata forcella Camp si apre una splendida vallata verde, davvero piacevole alla vista, con la Moiazza che fa da contorno al paesaggio. Il pezzo forte di questa camminata rimane comunque il panorama che si gode dalla cima del mont Alt di Framont. Veramente a 360 gradi. Se verso nord si possono ammirare le imponenti pareti della Moiazza, a sud si ha una vista a strapiombo su Agordo e i paesi limitrofi. Si notano bene le Pale di San Martino, le

Stelle Alpine.

Pale di San Lucano, cima Pape, il Mulaz, l'Agner, il Tamer e il San Sebastiano. In lontananza si vede bene il rifugio Scarpa e, per l'occhio più attento, si riesce a vedere il bivacco Bedin sulle Pale di San Lucano. Infine, in lontananza, verso sud est, si vede la Gusela del Vescovà sulla Schiara.

La Moiazza.

L'ESCURSIONE IN DETTAGLIO:

Per raggiungere la cima del Mont Alt di Framont si parte da passo Duran, in Agordino, a 1600 mt. Il passo Duran è raggiungibile da Agordo o dalla val di Zoldo. Lasciata l'auto si prende il sentiero 549, che in poco tempo sale ripidamente alla carrareccia che porta al rifugio Carestiato. Ora si procede a sinistra per comoda sterrata quasi pianeggiata fino a giungere al rifugio Carestiato a 45 minuti dalla partenza. Dal rifugio Carestiato si prosegue per sentiero 554, seguendo le indicazioni per forcella Camp. Si scende leggermente in mezzo al bosco per poi proseguire in falsopiano, fuori dal bosco, per un sentiero un po' scosceso e leggermente esposto. Superato questo lungo tratto, si riinizia a salire verso forcella Camp a 1933 mt. Superata si scende ripidamente per la "Busa del Camp" e ignorando le indicazioni per il rifugio Vazzoler, si continua seguendo i cartelli "Mont Alt di Framont". Superata la stretta vallata circondata tra le Dolomiti si intravede il ripido sentiero di salita e, imboccato, guardandosi all'indietro si vede la bellissima vallata dall'alto. Si continua ora per l'ultimo tratto davvero ripido e dopo 3 ore dalla partenza si giunge alla cima del Mont Alt di Framont a 2181 mt. Per il ritorno si procede per la stessa strada effettuata all'andata.

TIMBRI DEI RIFUGI E TRACCIA GPX

RIFUGIO CARESTIATO

TRACCIA GPX

22) Rifugio Belvedere Cima Fertazza

Il ristoro Belvedere a cima Fertazza è un punto particolarmente panoramico sul Civetta e sul lago di Alleghe. Si può raggiungere con un'escursione ad anello che parte da Piani di Pezzé.

Il ristoro Belvedere con il Civetta.

SCHEDA TECNICA:

Partenza: Piani di Pezzè, Alleghe 1452 mt Tipologia: anello Dislivello: 700 D+ compresi i saliscendi Lunghezza: 10 km Quota massima: Cima Fertazza 2101 mt Tempi: 5 h per l'anello Segnaletica: scarsa Difficoltà: media Punti d'appoggio Rifugio Belvedere 2032 mt, rifugio Col del Baldi 1922 mt Cime percorse: Cima Fertazza 2101 mt Segnavia: 564 – 568 – 566 Gruppo: Civetta Cartografia: Tabacco 1:25.000, foglio 25, Dolomiti di Zoldo, Cadorine e Agordine Periodo consigliato: estate (fino al rifugio anche d'inverno) Adatto ai cani: si

INTRODUZIONE:

Un'escursione molto interessante dal punto di vista panoramico è la salita al rifugio Belvedere a Cima Fertazza partendo da Alleghe, più precisamente da Piani di Pezzè. L'escursione non è molto frequentata dagli escursionisti i quali prediligono salire al rifugio Coldai e al lago Coldai. Il punto forte di quest'itinerario è il panorama. Lungo il tracciato, si possono ammirare stupendi paesaggi dove il Pelmo fa da padrone. Inoltre, dalla cima Fertazza al ristoro Belvedere si ha un panorama a 360 gradi con viste che spaziano dal Civetta, alla Marmolada, dalle Tofane, all'Averau, al Sella e molte altre vette Dolomitiche. Non da meno è la vista a strapiombo sul lago di Alleghe che lascia a bocca aperta. I punti deboli invece di quest'escursione sono due, il primo è che la segnaletica è abbastanza scarsa, e a volte bisogna procedere a intuito, forse perché la salita principale al Belvedere parte da Pescul. Comunque, la cima Fertazza è abbastanza intuitiva da capire qual è e anche se non è ben segnato il percorso si riesce ad orientarsi. Il secondo punto debole

è che spesso durante il sentiero bisogna risalire per delle piste da sci molto pendenti che possono stancare più del previsto. A detta di ciò comunque è un itinerario che vale la pena essere percorso visto il bellissimo panorama che si può ammirare.

L'ESCURSIONE IN DETTAGLIO:

Il punto di partenza per quest'escursione è Piani di Pezzè a 1452 mt raggiungibile dal centro di Alleghe in automobile o in cabinovia. Si inizia a salire per il sentiero 564 seguendo le indicazioni per il rifugio Coldai, sentiero fin da subito ripido dato che sale per una pista da sci, fino a raggiungere l'arrivo della cabinovia che porta a Col dei Baldi a 1922 metri. Volendo da Piani di Pezzè si può prendere fin da subito la cabinovia per risparmiare un po' di dislivello. Da qui si scende lungo la stradina asfaltata per poi rimboccare il sentiero che sale a cima Fertazza fino a raggiungere la vetta a 2101 mt e, subito prima della cima, il ristoro Belvedere a 2082 mt. Per il ritorno bisogna raggiungere la croce di vetta e prendere il sentiero 566 che scende dalla parte opposta. Le indicazioni da seguire per il ritorno sono per località

"Fernazza" e per località "Coi", due paesini molto caratteristici che non sono raggiungibili da mezzi a motore. Si scende a questi paesi e infine si ritorna a Piani di Pezzè.

TIMBRI DEI RIFUGI E TRACCIA GPX

RIFUGIO BELVEDERE

TRACCIA GPX

Il monte Pelmo.

23) Rifugio Città di Fiume - Pelmo

Ai piedi del monte Pelmo si trova un bellissimo rifugio, il Città di Fiume, raggiungibile facilmente per comodo sentiero.

Il rifugio Città di Fiume. Nella pag. successiva il monte Antelao visto da Forcella de la Puìna.

SCHEDA TECNICA:

Partenza: Pescul, III tornante verso Staulanza 1663 mt **Tipologia**: andata/ritorno **Dislivello**: 250 D+ **Lunghezza**: 4.5 km a + r **Quota massima**: Rifugio Città di Fiume 1918 mt **Tempi**: 45 minuti per raggiungere il rifugio **Segnaletica**: ottima **Difficoltà**: molto facile **Punti d'appoggio** Rifugio Città di Fiume 1918 mt **Cime percorse**: nessuna **Segnavia**: 467 **Gruppo**: monte Pelmo **Cartografia**: Tabacco 1:25.000, foglio 25, Dolomiti di Zoldo, Cadorine e Agordine **Periodo consigliato** tutto l'anno **Adatto ai cani**: si

INTRODUZIONE:

L'escursione principale che porta al rifugio Città di Fiume parte dal terzo tornante che sale al passo Staulanza, da Pescul in val Fiorentina. Sentiero tra le Dolomiti, adatto a tutti, sotto le pareti del Pelmo. Una facile escursione in val Fiorentina. L'escursione al rifugio Città di Fiume è un classico trekking tra le Dolomiti per famiglie, privo di pericoli e con una vista strepitosa sul monte Pelmo, una delle cime più caratteristiche delle Dolomiti Bellunesi. Perfetto anche per godersi la montagna rilassandosi, immersi nei boschi e nei pascoli

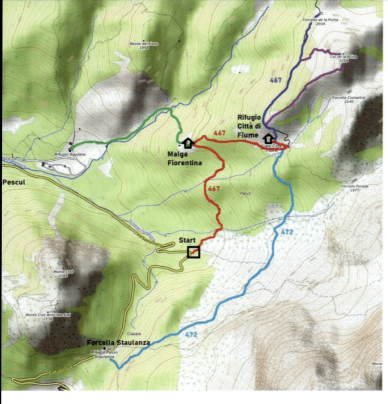

alpini. Il rifugio Città di Fiume è frequentato tutto l'anno e non solo d'estate. In inverno il sentiero viene tracciato con motoslitta sulla neve e d'autunno, visto che il bosco attorno è formato da larici, tutto il paesaggio si tinge di giallo e arancio con un'esplosione di colori. Il sentiero che porta al rifugio Città di Fiume è una carrareccia priva di pericoli. La strada forestale è priva di pericoli e sale in maniera poco pendente in mezzo al bosco. Il rifugio si raggiunge molto facilmente in un'ora scarsa per il sentiero 467 e, tra andata e ritorno, si percorrono meno di 5 km. Il protagonista assoluto di questa escursione rimane il monte Pelmo. Lungo tutto il tragitto lo si può ammirare da vicino creando un contesto davvero magico.

L'ESCURSIONE IN DETTAGLIO:

Per raggiungere il rifugio Città di Fiume, da Pescul, si sale verso il passo Staulanza e al terzo tornante è presente un ampio parcheggio. Il rifugio è molto frequentato e questo parcheggio si riempie facilmente, specie in alta stagione.

La sterrata che porta al rifugio con il monte Pelmo.

Ci sono comunque altri spazi dove poter parcheggiare. Se si arriva invece dalla val di Zoldo, bisogna superare il passo Staulanza e scendere verso Pescul. Eventualmente si può raggiungere il rifugio Città di Fiume da passo Staulanza. Lasciata l'auto si prende l'evidente strada forestale a fine parcheggio con indicazioni per il rifugio Città di Fiume. Qui si inizia a salire dolcemente sotto le pareti del monte Pelmo. A circa metà percorso si incrocia malga Fiorentina e superata, in poco tempo, si arriva anche al rifugio Città di Fiume a 1918 mt. Per il ritorno si procede per la stessa strada effettuata all'andata.

VARIANTI:

Variante blu: Prolungando leggermente l'escursione è possibile raggiugere forcella de la Puìna, punto particolarmente panoramico su San Vito di Cadore, Antelao e Sorapis.

Variante viola: Con un ulteriore deviazione è possibile salire anche alla cima del col de la Puìna. Punto super panoramico sul monte Pelmo.

Variante azzurra: Con difficoltà simile ma leggermente più lungo, il rifugio è raggiungibile anche da passo Staulanza per sentiero 472.

Variante verde: Un altro accesso al rifugio è partendo dal rifugio Aquileia e passando sempre per malga Fiorentina.

TIMBRI DEI RIFUGI E TRACCIA GPX

RIFUGIO CITTÀ DI FIUME

TRACCIA GPX

24) Monte Rite
Rifugio Dolomites

Una cima solitaria tra le Dolomiti di Zoldo e del Cadore. Da forcella Cibiana si sale al rifugio Dolomites e al monte Rite compiendo un'escursione ad anello.

Il rifugio Dolomites.

SCHEDA TECNICA:

Partenza: Passo Cibiana 1530 mt Tipologia: anello Dislivello: 700 D+ Lunghezza: 12 km Quota massima: Monte Rite 2183 mt Tempi: 4/5 ore Segnaletica: ottima Difficoltà: media Punti d'appoggio Rifugio Dolomites 2160 mt Cime percorse: Monte Rite 2183 mt Segnavia: 494 – 478 – 479 Gruppo: Dolomiti di Zoldo Cartografia: Tabacco 1:25.000, foglio 25, Dolomiti di Zoldo, Cadorine e Agordine Periodo consigliato tutto l'anno, anche in inverno con le ciaspole Adatto ai cani: si

INTRODUZIONE:

Un'escursione ad anello molto bella da fare e non troppo impegnativa è l'escursione al rifugio Dolomites sul Monte Rite. In cima al Monte Rite, oltre al bellissimo panorama che si può godere, è situato anche il Museo delle

Nuvole di Messner.
Il Messner Mountain Museum è un museo sulle testimonianze più significative per raccontare l'essenza dei monti. All'interno si possono 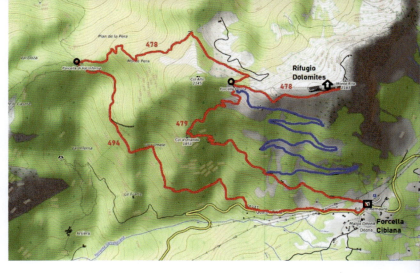 trovare reperti, foto, studi e opere messe a disposizione dal famoso scalatore Reinhold Messner. Il panorama che spazia dalla vetta è veramente a 360 gradi. Verso sud si può ammirare il gruppo del Bosconero, il Tamer, le Pale di San Sebastiano e lo Spiz di Mezzodì; a ovest si vede la Moiazza, il  Civetta e il Monte Pelmo; a nord si ha davanti l'imponente Antelao, il Sorapis più in fondo, le Tofane, il Lagazuoi e la Croda del Lago. Infine, ad est, si riesce a vedere la vallata di Auronzo.

Panorama sull'Antelao e sul Cadore dalla cima del monte Rite.

L'ESCURSIONE IN DETTAGLIO:

Per quest'itinerario si parte da passo Cibiana, a 1530 mt, raggiungibile da Forno di Zoldo o da Cibiana di Cadore. Dal passo si deve scendere a piedi di circa 50-60 metri di dislivello per la strada asfaltata, in direzione Forno di Zoldo, fino ad incrociare il sentiero che sale nel bosco con indicazioni Monte

Panoramica verso il Pelmo e Civetta dalla cima del monte Rite.

Rite. Il segnavia da seguire è il sentiero 494. Si prosegue poi lungo il sentiero dentro al bosco con una pendenza mai elevata fino ad immettersi nel sentiero 478 che sale sempre al Monte Rite. Man mano che si sale si apre il panorama sulle Dolomiti. Si prosegue sempre lungo il percorso fino a raggiungere prima Forcella val D'inferna e poi Forcella Deona ad una quota di 2053 mt. Dall'ultima forcella il sentiero diventa una strada sterrata che in 15-30 minuti arriva al rifugio Dolomites ad una quota di 2160 mt. Subito dietro è situato il museo delle nuvole di Messner e anche la cima del Monte Rite, ad un'altezza di di 2183 mt. Per il ritorno si torna alla forcella Deona e si prende il sentiero 479, che in un'ora e mezza riporta al passo Cibiana. Volendo si può tornare al passo Cibiana anche per la mulattiera, meno ripida ma più lunga (variante blu).

La forestale che sale al Rite.

TIMBRI DEI RIFUGI E TRACCIA GPX

RIFUGIO DOLOMITES

TRACCIA GPX

25) Rifugio Sommariva al Pramperet

Un bellissimo rifugio della val di Zoldo che si raggiunge con un'escursione che passa per i splendidi prati di malga Pramper.

Il rifugio Sommariva al Pramperet.

SCHEDA TECNICA:

Partenza: Pian de la Fopa, Forno di Zoldo 1150 mt **Tipologia:** andata/ritorno **Dislivello:** 700 D+ **Lunghezza:** 14.5 km **Quota massima:** Rifugio Sommariva al Pramperet 1857 mt **Tempi:** 5 ore a + r **Segnaletica:** ottima **Difficoltà:** media **Punti d'appoggio** Rifugio Sommariva al Pramperet 1857 mt, Malga Pramper 1540 mt **Cime percorse:** nessuna **Segnavia:** 523 **Gruppo:** Dolomiti di Zoldo **Cartografia:** Tabacco 1:25.000, foglio 25, Dolomiti di Zoldo, Cadorine e Agordine **Periodo consigliato:** dalla primavera all'autunno **Adatto ai cani:** si

INTRODUZIONE:

Un itinerario molto bello da fare in val di Zoldo è raggiungere il rifugio Sommariva al Pramperet situato ai piedi del monte Pramper, passando anche per

la bellissima malga Pramper. L'escursione si sviluppa nelle montagne della parte sud della val di Zoldo. Il dislivello è di 700 metri che si sviluppa per una lunghezza di 14.5 km tra andata e ritorno. Fino a malga Pramper il sentiero è praticamente una strada sterrata con una pendenza bassa, poi dalla malga il sentiero si fa più classico e anche più ripido. Fino alla Malga Pramper il sentiero è facile, il panorama è davvero stupendo avvolto nei verdi prati della val Pramper ed è molto frequentato dalle famiglie in quanto il sentiero non presenta pericoli e parti esposte. La seconda parte di sentiero invece, sale sempre in mezzo al bosco di larici e, man mano che si guadagna quota, il bosco si dirada lasciando spazio a scorci sulle Dolomiti. Le vette che si notano maggiormente, oltre al Pramper, sono il gruppo San Sebastiano-Tamer e verso nord l'inconfondibile monte Pelmo.

L'ESCURSIONE IN DETTAGLIO:

Per questa escursione bisogna raggiungere il paese di Forno di Zoldo in val Zoldana e dal centro, dalla chiesa, occorre svoltare per Pralongo. Subito dopo, al secondo tornante sulla sinistra, c'è una stretta stradina asfaltata con indicazioni fin da subito per Malga Pramper e rifugio Sommariva. La stretta stradina asfaltata man mano che si sale si fa sterrata. Dopo un bel pezzo di strada sterrata, la strada diventa nuovamente asfaltata fino a raggiungere pian de la Fopa a 1150 mt dove è presente un ampio parcheggio. Lasciata l'auto si continua a percorrere la stradina

I prati di malga Prameper.

Malga Pramper.

seguendo le evidenti indicazioni per malga Pramper e rifugio Sommariva al Pramperet con segnavia 523. Dopo circa un'ora abbondante di salita si raggiungono i magnifici prati erbosi dov'è ubicata malga Pramper a 1540 mt. Qui è anche presente una fontanella d'acqua. Dalla Malga si prosegue per il sentiero 523 che, con un'altra ora, raggiunge lo splendido rifugio Sommariva al Pramperet a 1857 mt. Per il ritorno si procede per la stessa strada effettuata all'andata.

VARIANTI:

Variante blu: se si vuole allungare di una mezz'oretta l'escursione, subito prima di malga Pramper c'è una deviazione per forcella del col Moschesin, segnavia 540. Raggiunta, si procede per il sentiero 543 che porta direttamente al rifugio Sommariva al Pramperet.

TIMBRI DEI RIFUGI E TRACCIA GPX

MALGA PRAMPER

RIFUGIO SOMMARIVA

TRACCIA GPX

26) Rifugio Chiggiato Marmarole

Un bel itinerario da Calalzo di Cadore, salita al rifugio Chiggiato e al Col Negro, nel cuore delle Marmarole.

Il rifugio Chiggiato.

SCHEDA TECNICA:

Partenza: Bar alla Pineta 1044 mt **Tipologia:** andata/ritorno **Dislivello:** 850 D+ **Lunghezza:** 8 km **Quota massima:** Rifugio Chiggiato 1911 mt **Tempi:** 2.5 ore per raggiungere il rifugio **Segnaletica:** buona **Difficoltà:** media **Punti d'appoggio** Rifugio Chiggiato 1911 mt **Cime percorse:** Col Negro 1952 mt **Segnavia:** 260 **Gruppo:** Marmarole **Cartografia:** Tabacco 1:25.000, foglio 16, Dolomiti del centro Cadore **Periodo consigliato:** tutto l'anno **Adatto ai cani:** si

INTRODUZIONE:

Una bella escursione che si può fare tutto l'anno nel Cadore, tempo permettendo, è senz'altro la salita a Col Negro dove in cima è situato il Rifugio Alpino Dino e Giovanni Chiggiato. Il rifugio Chiggiato è situato in un punto veramente strategico dal punto di vista panoramico; infatti, dalla sua posizione a 1911 metri si può ammirare uno spettacolo naturale a 360 gradi. Subito di fronte svetta l'Antelao, detto anche il Re delle Dolomiti che, con i suoi 3254 metri, è la seconda cima più alta delle Dolomiti dopo la Marmolada. Subito a destra si può ammirare il Sorapis e, dietro al rifugio, si trova l'immenso gruppo delle Marmarole. A sinistra dell'Antelao, inoltre, si ha una splendida vista su Calalzo di Cadore e sul Lago di Centro Cadore con in fondo gli Spalti di Toro.

L'ESCURSIONE IN DETTAGLIO:

Per salire al rifugio Chiggiato si parte dal Bar alla Pineta, raggiungibile da Calalzo di Cadore. Dal centro si seguono le indicazioni prima per la farmacia e poi per l'Enaip. Dall'Enaip, si prosegue dritto fino a trovare un bivio, dove a destra si finisce al paese di Rizzios, si prosegue a sinistra. Alla fine della strada è presente un ulteriore bivio dove si procede a sinistra. Il sentiero è un sentiero abbastanza ripido che sale dentro al bosco di faggi e abeti senza mai mollare. In due ore e mezza circa di cammino dentro al bosco si arriva alla distesa verde dov'è situato il rifugio. Molto particolare è raggiungere il rifugio in autunno quando i faggi e i larici si tingono di un arancio vivo, rendendo il paesaggio magico. Per tornare indietro si prosegue per lo stesso sentiero fatto all'andata.

TIMBRI DEI RIFUGI E TRACCIA GPX

RIFUGIO CHIGGIATO

TRACCIA GPX

27) Cavallazza e laghetti del Colbricon

Un'escursione di media difficoltà che porta in vetta a due cime, lungo le trincee della Prima Guerra Mondiale. Un itinerario suggestivo a passo Rolle, al cospetto delle Pale di San Martino.

Il rifugio Colbricon, sulle sponde degli omonimi laghetti.

SCHEDA TECNICA:

Partenza: Malga Rolle 1910 mt **Tipologia:** anello **Dislivello:** 500 D+ **Lunghezza:** 7.5 km **Quota massima:** Cima Cavallazza 2324 mt **Tempi:** 3-4 ore per anello **Segnaletica:** buona **Difficoltà:** media **Punti d'appoggio** Rifugio Colbricon 1927 mt **Cime percorse:** Cavallazza Piccola 2303 mt, Cavallazza Grande 2324 mt **Segnavia:** R02 – 348 **Gruppo:** Lagorai **Cartografia:** Tabacco 1:25.000, foglio 22, Pale di San Martino **Periodo consigliato:** estate **Adatto ai cani:** si, ma alcuni tratti esposti da fare attenzione

INTRODUZIONE:

Un'affascinante e suggestiva escursione alla scoperta della catena dei Lagorai è il raggiungimento della cima della Cavallazza e dei sottostanti laghetti del Colbricon. L'escursione di per sé non è molto impegnativa, il dislivello totale è di circa 500 metri scarsi, ma il panorama che offre è veramente spettacolare: un vero e proprio balcone sulle Pale di San Martino, in particolare Cimon della Pala, detto anche il Cervino delle Dolomiti. Oltre a questo spettacolo naturale, il tragitto offre anche un richiamo storico alla Prima guerra mondiale, in particolare nella Cavallazza Piccola ci sono moltissimi resti di trincee, gallerie e postazioni di guerra che dominavano la strada del passo Rolle. Ai laghetti del Colbricon, inoltre, sono state ritrovate tracce di antichissimi insediamenti umani, tra cui accampamenti di cacciatori, risalenti al Neolitico.

L'ESCURSIONE IN DETTAGLIO:

L'inizio di quest'escursione è a Malga Rolle a 1910 metri s.l.m. nei pressi del passo Rolle. Da qui si seguono le evidenti indicazioni di fronte al parcheggio che portano alla sottostante pista da sci. Ora, anziché seguire il sentiero che porterebbe ai laghetti del Colbricon, si risale la pista da sci fino a raggiungere il Passo Rolle a 1980 metri s.l.m. Dal passo bisogna risalire ulteriormente per la pista da sci fino a trovare le prime indicazioni per la Cavallazza. Il sentiero da seguire è R02. La parte che sale per la pista da sci è molto ripida e faticosa però una volta superata, il sentiero diventa meno ripido, più suggestivo e immerso nei caratteristici porfidi del Lagorai. Una volta passati sotto la seggiovia degli impianti sciistici che salgono alla Tognazza, si incontra il primo bivio. A sinistra si sale alla Cavallazza Piccola, mentre a destra si va ai laghi della Cavallazza. Si prende il sentiero di sinistra molto più panoramico che offre una splendida vista su San Martino di Castrozza e le Pale. Oltre a

I laghetti con la cima Colbricon, sulla sinistra.

questo, si ha la possibilità di esplorare le trincee e gallerie di guerra. Una volta raggiunta la Cavallazza Piccola, che sul punto massimo tocca i 2303 metri s.l.m., si scende fino alla forcella Cavallazza a 2226 metri s.l.m. Da qui comincia la salita per la Cavallazza e, arrivati in cima, si toccano i 2324 metri s.l.m. Da ora, si intravedono an-

Sopra e sotto, resti della Grande Guerra.

che i laghetti del Colbricon, prossima meta dell'escursione. Dopo aver ammirato il panorama dalla Cavallazza si scende dalla parte opposta e, in breve tempo, ai laghetti del Colbricon, dov'è situato l'omonimo rifugio a quota 1927 metri s.l.m. Dopo aver sostato agli incantevoli laghetti del Colbricon e ammirato il Colbricon, che si specchia sul lago, si prende il comodo e pianeggiante sentiero 348 che, in 40 minuti riporta alla Malga Rolle.

TIMBRI DEI RIFUGI E TRACCIA GPX

RIFUGIO COLBRICON

TRACCIA GPX

28) Rifugio Cima d'Asta Ottone Brentari

Un sentiero tosto che non molla mai e un'ambiente unico, granitico tipico del Lagorai. Questa è la cornice dell'escursione al rifugio Ottone Brentari a cima d'Asta.

Il rifugio Brentari. Nella pag. suc. il lago Cima d'Asta e un ruscello lungo il sentiero.

SCHEDA TECNICA:

Partenza: Malga Sorgazza 1441 mt, val Malene, Pieve Tesino **Tipologia:** andata/ritorno **Dislivello:** 1000 D+ **Lunghezza:** 13 km **Quota massima:** Rifugio Brentari 2475 mt **Tempi:** 3 ore per raggiungere il rifugio **Segnaletica:** ottima **Difficoltà:** difficile **Punti d'appoggio** Rifugio Brentari 2475 mt **Cime percorse:** nessuna **Segnavia:** 327 **Gruppo:** Lagorai **Cartografia:** Tabacco 1:25.000, foglio 58, Valsugana, Tesino, Lagorai **Periodo consigliato:** estate **Adatto ai cani:** si, ma impegnativo.

INTRODUZIONE:

Il giro per eccellenza da fare nel gruppo del Lagorai è raggiungere il rifugio Ottone Brentari a cima D'Asta, situato ai piedi dell'omonima cima, vetta che,

con i suoi 2847 metri, è la più alta di tutto il gruppo. L'escursione è abbastanza impegnativa, in soli 6 km di andata si ha un guadagno di quota di ben 1000 mt e, in particolare nell'ultimo tratto, il sentiero è molto ripido. Inoltre, superato il bosco iniziale si percorrono quasi due ore sotto il sole, cosa da non sottovalutare. Raggiugere però il rifugio Brentari a cima d'Asta è sicuramente una grande soddisfazione che ripaga ogni fatica fatta. Di fronte al rifugio c'è uno splendido laghetto alpino, il lago cima d'Asta, dal colore blu notte che rispecchia la vetta soprastante, davvero incantevole. Il panorama che accompagna tutta l'escursione è quello classico dei Lagorai, guglie frastagliate e ciottoli di porfido. Infine, ultima nota, va alla variante del sentiero 327B (variante blu), una variante per escursionisti esperti davvero interessante in quanto occorre superare dei tratti molto ripidi dove scorre anche un torrente. A volte bisogna anche un po' "arrampicare" appoggiando le mani a terra, molto divertente (non è una vera e propria arrampicata e non serve essere attrezzati, solo un po' esperti). Se si ha inoltre un buon allenamento, aggiungendo un'ora e mezza di escursione e altri 300 mt di dislivello, si può raggiungere

cima D'Asta dove sopra si ha un panorama davvero superlativo (variante azzurra).

L'ESCURSIONE IN DETTAGLIO:

Per quest'itinerario bisogna raggiungere il paese di Pieve Tesino, raggiungibile dalla Valsugana e passando l'abitato di Castel Tesino o dal Passo Broccon. Dal paese di Pieve Tesino bisogna salire ancora in macchina seguendo le indicazioni per val Malene prima, e per malga Sorgazza dopo, dove una volta raggiunta c'è un ampio parcheggio dove si può lasciare la macchina. Dal parcheggio le indicazioni sono evidenti e ben segnate: sentiero 427 per rifugio Brentari cima d'Asta. La prima parte del sentiero è abbastanza pianeggiante e sale in maniera poco ripida per strada forestale dentro al bosco. Dopo circa una ventina di minuti, si trova una deviazione che NON bisogna prendere che porta sempre al Brentari, sentiero 388. Il sentiero prosegue sempre per stradina forestale fino a giungere alla teleferica del rifugio. Da qui il bosco inizia a diradarsi e il sentiero diventa sentiero di montagna e la pendenza inizia a essere più decisa. Ormai fuori dal bosco, il sentiero sale ripido a zig-zag guadagnando velocemente quota fino a raggiungere il bivio per il sentiero 427B. Se si è escursionisti esperti lo si può percorrere, altrimenti si rimane sul 427. Il sentiero 427B cambia decisamente la pendenza e risale un torrente attraverso rocce granitiche che comunque garantiscono sempre un ottimo grip. Dopo tre ore esatte di cammino e 1000 metri di dislivello, si raggiunge il rifugio Ottone Brentari a cima D'Asta a 2475 metri. Per il ritorno si procede per la stessa strada dell'andata.

TIMBRI DEI RIFUGI E TRACCIA GPX

RIFUGIO BRENTARI

TRACCIA GPX

29) Rifugio Sette Selle lago Erdemolo

In questa escursione si raggiunge uno dei più bei rifugi del Lagorai, il rifugio Sette Selle, ed uno stupendo laghetto alpino: il lago Erdemolo. Escursione particolarmente appagante in autunno.

Il rifugio Sette Selle.

SCHEDA TECNICA:

Partenza: Palù del Fersina 1350 mt **Tipologia:** anello **Dislivello:** 900 D+ (600 D+ fino al rifugio) **Lunghezza:** 13 km **Quota massima:** lago Erdemolo 2000 mt **Tempi:** 5.5 ore per l'anello **Segnaletica:** ottima **Difficoltà:** medio difficile **Punti d'appoggio** Rifugio Sette Selle 1978 mt **Cime percorse:** nessuna **Segnavia:** 343 – 324 – 325 **Gruppo:** Lagorai **Cartografia:** Tabacco 1:25.000, foglio 58, Valsugana, Tesino, Lagorai **Periodo consigliato:** estate – autunno **Adatto ai cani:** si

INTRODUZIONE:

Un bellissimo percorso da fare nel gruppo del Lagorai è raggiungere il rifugio Sette Selle e concatenare l'escursione al lago Erdemolo. L'anello completo è di difficoltà medio-difficile, il dislivello totale da affrontare con i vari saliscendi è di 900 metri per una lunghezza totale di 13 km. Se si vuole però fare un itinerario più breve e più facile, si può raggiungere il rifugio Sette Selle e poi tornare indietro con un dislivello di 600 mt e 2 ore di cammino se si parte da Palù mentre se si vuole alleggerirla ulteriormente, si può sostare al parcheggio a pagamento più su di Palù e

fare un dislivello di soli 500 mt in un'ora e mezza di cammino. Il sentiero si sviluppa principalmente in mezzo al bosco fino al rifugio Sette Selle salendo in maniera sempre costante. L'attraversata in quota al lago Erdemolo invece, si sviluppa fuori dal bosco lungo i pendii delle montagne offrendo diversi scorci panoramici sulla valle dei Mocheni. L'ambiente principale è quello classico del Lagorai, formato da porfidi e pietraie. Infine, caratteristico con le sue acque color turchese è il lago Erdemolo. Interessante raggiungere il rifugio Sette Selle in pieno autunno in quanto ci sono molti larici e si può godere dei colori caldi del foliage autunnale.

L'ESCURSIONE IN DETTAGLIO:

Per questa escursione bisogna raggiungere il paese di Palù del Fersina salendo da Pergine Valsugana, raggiungibile a sua volta da Trento o da Bassano del Grappa. Si può parcheggiare in uno dei parcheggi prima del campo Sportivo o nello stesso parcheggio del campo sportivo. Volendo più in alto del paese, in località Vròttn, c'è un ulteriore parcheggio a pagamento che evita 100 mt di dislivello e una ventina di minuti di cammino. Se si parte da Palù del Fersina, si deve prendere il sentiero 343 con indicazioni rifugio Sette Selle. Attenzione a non prendere il sentiero 325 che porta direttamente al lago Erdemolo. Il sentiero, dopo una ventina di minuti porta al parcheggio a pagamento in località Vròttn. Si continua per il sentiero 343 e, in un'ora e mezza dal parcheggio a pagamento, si raggiunge il rifugio Sette Selle a 1978 mt lungo un sentiero senza pericoli, con pendenza costante in mezzo al bosco. Durante questa salita si incontrano vari bivi che portano al lago Erdemolo, ma si prosegue sempre guardando le indicazioni per il rifugio Sette Selle. Raggiunto il rifugio, per andare al lago Erdemolo, bisogna tornare leggermente indietro fino a incontrare l'ultimo bivio, il sentiero 324. Qui si fa un'attraversata in quota con vari saliscendi camminando lungo pendii erbosi fino a raggiungere, in due ore scarse dal rifugio, il lago Erdemolo a 2000 mt. Dal lago Erdemolo si rientra a Palù del Fersina lungo il sentiero 325 in un'ora e mezza dal lago. Quest'escursione si può fare anche nel verso contrario.

TIMBRI DEI RIFUGI E TRACCIA GPX

RIFUGIO SETTE SELLE   TRACCIA GPX

Il lago Erdemolo.

30) Rifugio Bruno Boz Vette Feltrine

Un fantastico itinerario nelle Vette Feltrine con partenza dalla stretta val Noana. Dal rifugio Fonteghi si raggiunge il rifugio Boz.

Il rifugio Boz

SCHEDA TECNICA:

Partenza: Rifugio Fonteghi, val Noana 1100 mt **Tipologia:** andata/ritorno **Dislivello:** 600 D+ **Lunghezza:** 13.5 km **Quota massima:** Rifugio Bruno Boz 1718 mt **Tempi:** 2.5 ore per raggiungere il rifugio **Segnaletica:** buona **Difficoltà:** media **Punti d'appoggio** Rifugio Bruno Boz 1718 mt **Cime percorse:** nessuna **Segnavia:** 727 **Gruppo:** Vette Feltrine **Cartografia:** Tabacco 1:25.000, foglio 23, Alpi Feltrine Le Vette Cimonega **Periodo consigliato:** tutto l'anno **Adatto ai cani:** si

INTRODUZIONE:

Una camminata molto piacevole da fare in una zona poco conosciuta, ma molto affascinate, è la salita al rifugio Boz dalla bellissima Val Noana. Il rifugio Boz fa parte del Parco Nazionale delle Dolomiti Bellunesi, più precisamente delle Vette Feltrine. Oltre alla bellissima val Noana, il panorama che si può ammirare lungo quest'escursione è rivolto alle vette

Dolomitiche del Sass de Mura che fa da anfiteatro ai verdi prati dove è ubicato il rifugio Bruno Boz. L'escursione è di media difficoltà, il dislivello non è eccessivo e la pendenza del tracciato non è mai elevata. Se si vuole diminuire la lunghezza del percorso dal rifugio Fonteghi, punto di partenza, si

Malga Neva, sotto il rifugio Boz.

può proseguire in macchina per strada asfaltata fino alla località El Belo, dove si può parcheggiare. Interessante è fare una piccola variante, di un quarto d'ora dal rifugio Fonteghi, fino al ponte tibetano pedonale su funi metalliche chiamato Val de Riva, il quale attraversa il fiume per 73 metri con un'altezza di 30 metri. (variante blu).

L'ESCURSIONE IN DETTAGLIO:

Per quest'escursione si parte dalla Val Noana. Superata la deviazione del tunnel Totoga che porta verso la Val Vanoi, si procede verso Fiera di Primiero lungo la strada che da Feltre porta a San Martino di Castrozza. Molto prima di Fiera di Primiero, vicino Imer, seguire le indicazioni per la Val Noana e

successivamente per il rifugio Fonteghi dove si può lasciare la macchina a 1100 mt. Da qui si segue il sentiero 727 che percorre la strada asfaltata fino alla località El Belo dove eventualmente si può parcheggiare se si vuole evitare un tratto di escursione. Il sentiero ora diventa strada forestale sterrata e, in alcuni tratti, cementata che sale con costanza in mezzo al bosco. Seguire sempre le indicazioni per il rifugio Boz fino a quando il bosco diviene meno fitto e comincia a intravedersi il rifugio. Proseguire sempre lungo il tracciato fino a raggiungere il rifugio Bruno Boz a 1716 mt. Per il ritorno si procede per la stessa strada effettuata all'andata.

Il ponte Val de Riva.

TIMBRI DEI RIFUGI E TRACCIA GPX

RIFUGIO BOZ

TRACCIA GPX

DELLA STESSA COLLANA:

Alla scoperta dei Rifugi delle Dolomiti Vol. I

Alla scoperta dei Rifugi della val di Fassa.

Alla scoperta Delle Prealpi Venete Vol. I

Alla scoperta dei sentieri del monte Grappa

Alla scoperta dei Rifugi delle Pale di San Martino

DELLO STESSO AUTORE:

 Dolomiti Facili

 Passaporto dell'escursionista

Printed by Amazon Italia Logistica S.r.l.
Torrazza Piemonte (TO), Italy

50332182R00056